ドクちゃんは父になった

ベトちゃんドクちゃん分離手術を支えた人たち

野島和男••編著

高文研

はじめに

わたしは、ベトナムのホーチミン市で暮らしている。そのため、「今度、友だちがホーチミン市に行くから案内してやってよ」というような依頼を受けることがある。日本から来た人には、なるべくツーズー産婦人科病院へ案内するようにしている。もちろん目的は、ドクちゃんに会うためだ。

ツーズー病院は、とても大きな病院だ。そこは、いつ行っても大勢の人でごったがえしている。2013年現在、ベトナム国民の平均年齢は28・2歳。ベトナム戦争の戦後処理が一段落して発生したベビーブームの世代が結婚、出産の時期を迎えている。そのため、産院はどこも混雑しているが、中でもツーズー病院の来院者数は群を抜いている。年間の来院者数は10万人以上。1，200床のベッドがあるが、それだけでは足りず、通路にストレッチャーを出して患者を収容することもある。そこはベトナム最大の産科医療センターで、日本でいうならば日赤医療センターのようなところだ。そのため、むずかしいお産の妊婦は、この病院に運ばれてくることが多い。

病院の入り口には、多くの来院者だけでなく、客待ちの運転手や物売りが群がっている。その人波を縫いながら病院内に入り、中央の通路を進むと左手に薬局が見えてくる。そこを左にまがり、さらに進んで食堂の先にある階段を上れば、そこが〝平和村〟だ。

ドクちゃんは、平和村の事務室にいることが多い。わたしが事務室に入り、「ヨウ、来たぞ！」と言っても彼は軽くうなずくだけだ。ベトナム人でも昔気質の人はプライドが高いのだが、彼もそのひとりだ。そんな彼に子どものことを聞くと、とたんに目尻が下がる。〝ドクちゃん〟と聞くと、幼いころの彼をイメージする人も多いと思うが、現在では二児の父親であり、社会人なのだ。彼の自宅は病院の近くにあり、そこから三輪バイクを自分で運転して通勤してくる。また、昼休みには、自宅に帰って家族と食事を共にする。昼休みに家へ帰るのは、ベトナムでは一般的な習慣だ。

ベトちゃんドクちゃんは1歳10カ月からツーズー病院で養育された。分離する手術を受けたのもこの病院だ。ベトちゃんは、残念ながら亡くなってしまったが、ドクちゃんは、今では立派な青年となり、この病院内にある「Lang Hoa Binh（平和村）」という施設で働いている。

この〝Lang（村）〟というベトナム語は、住所を表すのではなく特定のコミュニティーを意味する。例えば、大学の複合施設を〝学生村〟などと呼ぶことがある。また、平和村という名称

ホーチミン市にあるツーズー病院の平和村の子どもたち。クリスマス会にて。

から、のどかな農村をイメージするかもしれない。しかし、そこは、障害を持つ子どもたちの介護や治療をする病院内の施設。しかも、枯葉剤被害者だと認定された小児患者だけのための施設だ。

平和村は、１９９０年代にツーズー病院の院長だったゴック・フォン医師がドイツの援助を受けて、ベトナムの主な都市10カ所に設立した。フォン医師は、ベトちゃんドクちゃんの主治医で、彼らがはじめて日本に来た時に同行していた女医さんだ。ホーチミン市では、１９８２年からベトちゃんたちをツーズー病院に迎えていたので、その病院内に平和村が設立された。しかし、ツーズー病院はもともと産婦人科の病院だ。そのため、ベトちゃんたちの介護を任されたのは、以前からこの病院で働いていた助産婦たちだった。

わたしは、５年ほど前からドクちゃんが勤務する平

レ・ユアン通り、統一公堂（旧大統領官邸）前の正月飾り。

和村の翻訳を請け負っている。この仕事をしているうちに、枯葉剤の被害がいまだに続いていることを知った。もちろん、ベトちゃんドクちゃんのことは知っていた。でも、それは遠い昔の出来事のように思っていた。しかし、現在でも、枯葉剤の被害者だと認定される子どもが、生まれている。そのなかには、ベトちゃんたちのように体が結合している例もある。また、枯葉剤被害者やその家族の生活は、必ずしも恵まれたものではない、ということも知った。

平和村の仕事をはじめてから、わたしはVAVAホーチミン（ホーチミン市枯葉剤被害者の会）から関連のイベントに招待されるようになった。そして、以前から支援を継続している日本人グループがいくつもあることを知った。

その後、ホーチミン市戦争証跡博物館の翻訳も請け負うようになった。そうした様々な翻訳をしているうちに、ベトナム戦争や枯葉剤の被害が書かれた原稿が数多く集まっていった。ベトちゃんドクちゃん関連だけで数百ページ分の原稿がある。その中には、「日本のみなさんにどうしても紹介したい」と思うものもたくさんある。特に、平和村が企画しベトナムで出版されたベトちゃんドクちゃんの本*は、とても興味深い。これを日本語で出版できないものか、と考えていた。

あるとき、わたしが参加しているベトナム友好グループで、そのことを話した。グループの友人たちは、快く引き受け、出版するために奔走してくれた。また、この企画を平和村で話したところ、所長のタンさんは賛成し、協力を約束してくれた。ドクちゃん本人も承諾してくれた。そうして、幸いにもこの本を出版することができた。

本書は、ベトナムで出版された本から抜粋して本文を構成した。日本で出版するにあたり、ベトナムの事情を少し説明しなければならないと考えた。その国では、誰でも知っている常識でも外国人には理解しがたいこともある。そのため、翻訳文の冒頭に紹介文を付記した。また、序章と終章は、この本のために書き下ろした。

野島　和男

*nha xuat ban van hoa thong tin 社発行「Viet Duc &tinh nguoi sau 20 nam」

＊――もくじ

装丁＝細川 佳

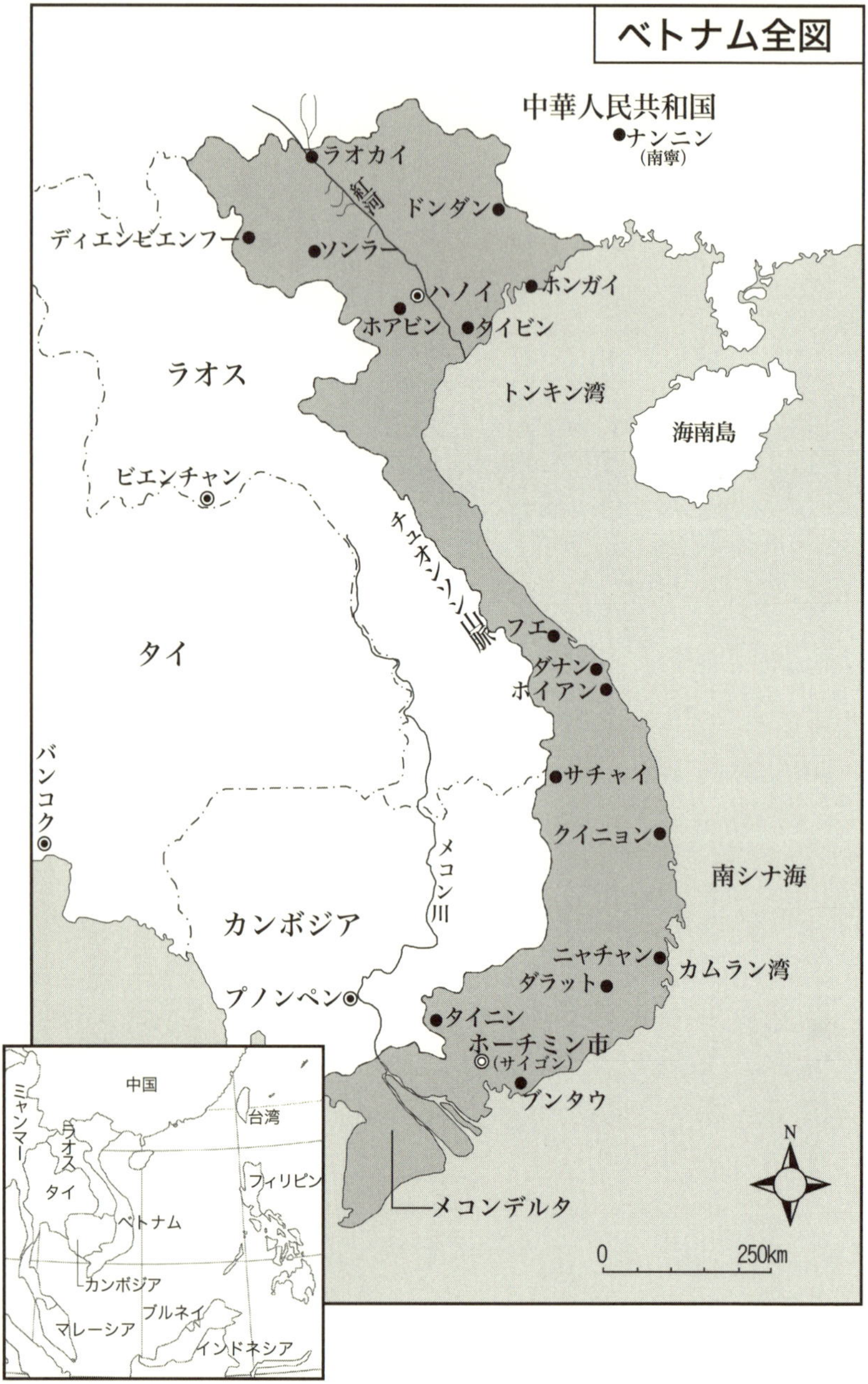
ベトナム全図
中華人民共和国
ナンニン
(南寧)
ラオカイ
紅河
ドンダン
ディエンビエンフー
ソンラー
ハノイ
ホンガイ
ホアビン
タイビン
ラオス
トンキン湾
海南島
ビエンチャン
チュオンソン山脈
フエ
ダナン
ホイアン
タイ
サチャイ
バンコク
クイニョン
メコン川
南シナ海
カンボジア
ニャチャン
カムラン湾
ダラット
プノンペン
タイニン
ホーチミン市
(サイゴン)
ブンタウ
メコンデルタ
N
0
250km
中国
ミャンマー
ラオス
台湾
タイ
フィリピン
ベトナム
カンボジア
ブルネイ
マレーシア
インドネシア

序章　ベトちゃんドクちゃんが生まれた国

ベトちゃんドクちゃんは、下腹部が結合して生まれた双子の兄弟だ。頭や背骨など上半身の部分はそれぞれにあるが、お尻から下はつながっていた。このような重い先天性障害がある子どもは、長く生きられないことが多い。そういう子どもは、内臓などにも障害を持っていることがよくあるからだ。そのため、生まれる前に死んでしまったり、生まれても成長することができずに亡くなってしまうことが多い。しかし、彼らは、幸運にも生きながらえることができた。

彼らは、7歳の時に二人を切り離す手術を受けた。その手術はおなかを真横に切り離してから、足や骨盤の形を整形しなければならない。また、内臓もそれぞれに振り分ける。二人で一人分しかない大腸や膀胱《ぼうこう》を切って、それぞれに分ける。それは、ほとんど前例がないようなとても難しい手術だった。

この手術は日本が全面的に協力したため、当時はたいへんな話題になった。日本赤十字社な

日本から贈られた医薬品の並ぶツーズー病院。

ど公的機関だけでなく、民間からも多くの援助が寄せられた。「当時、支援活動に協力した」という方もたくさんいると思う。

その手術は奇跡的に成功した。多くの日本人は、手術の成功を我がことのように喜び、この知らせを聞いて涙した人たちも少なくなかった。四半世紀が経った現在でも、その時の感動を鮮明に記憶している方も多いことだろう。

ベトちゃんたちが手術を受けたのは1988年。当時の日本はバブル景気の只中にあり、自動車メーカーがこぞって高級車を発表するような時期だった。しかし、ベトナムは1975年に終わったベトナム戦争の混乱から、いまだに抜け出せていなかった。戦争によって多くの人が亡くなった。また、多くの農地や生産設備が大きな被害を受けていた。それに加え、ベトナムの北と南では、経済や社会の仕組みが大きく違っていた。そういった戦争の後遺症が治まり、社会が安定するのには長い年月を費《ついや》さなければならなかった。

ベトナムが戦場になったのは、このベトナム戦争だけではない。遠い昔から何回も大きな戦争があり、そのたびに国境が変わり、国の形が変わっていった。

ベトナムは、その多くの時代が中国歴代王朝の従属国《じゅうぞくこく》だった。東アジアにある中国の周辺諸国と同じように中華文明の一員だった。だから、私たち日本人と同じように茶碗と箸《はし》でご飯を食べる。使っていた文字も漢字だった。ベトナムは、中国から漢字の意味と発音を導入して使った。しかし、ベトナム人が昔から使っている言葉もある。そのため、ベトナム語には、音読みと訓読みがある。漢字に音・訓二つの読み方があるのは、日本語と同じだ。

ベトナム人は、「自主独立」の気持ちが強い民族だ。そのため、独立を求めて反乱を起こすことが何回もあった。戦争で独立を勝ち取る。そして、その後すぐ中国に敗れて従属国に戻る。ベトナムの歴史は、そのくり返しだった。また、インドネシア系のチャンパ族やカンボジア系のクメール族とも何回も戦争をした。ベトナムには、その長い歴史の中で大きな戦争が何回もあった。

しかし、ずっと戦争をしていたわけではない。ほとんどの期間は、中華文明の一員として平和に過ごしてきた。中国に従属していた千年の間に戦争をしていた期間は20年だけだ。

「従属国」とは言っても植民地ではない。だから、作った米をすべて取り上げられてしまうようなことはなかった。何年かに一度、ベトナムの王様が中国の王様にあいさつをすれば、中華王朝の従属国として認められる。中華王朝は親分だ。子分のベトナムは、無理なことを押し付けられることもある。しかし、親分に頭を下げていれば、いきなり攻め込んでくることはない。それが戦争を避けるもっとも現実的なやり方だったのだと思う。

このように長い間、ベトナムは中華文明の一員だった。しかし、19世紀になるとアジアの様子が変わってくる。その時代、アジア諸国のほとんどは、欧米の植民地になってしまった。アメリカやイギリスなど欧米の大国が、最新式の武器を持ってアジアに押し寄せ、ほとんどの国を征服した。当時のアジアで欧米の植民地にならなかったのは、日本とタイだけだった。

ベトナムに入ってきたのはフランスだ。フランスは、ベトナムに軍隊を上陸させた。そしてまず、トンキン（現ハノイ）などベトナムの主な都市をフランスの保護領《りょう》とした。保護領とは原始的な国や地域を守ってあげる、という意味だ。しかし、実際には「なわばり」の宣言であり、支配のはじまりだった。当時の中国は清《しん》という国だったが、清も黙ってはいない。清がベトナムの支配者だと主張してフランスの支配を認めない。そのため、1884年に清とフランスは戦争になった。

この戦争に勝ったフランスは、本格的にベトナムへの進出をはじめた。そして、当時のラオスとカンボジアはベトナムの従属国だったため、1887年に三国を合わせて「フランス領インドシナ（インドと中国の間にあることにより名付けられた）」とした。もちろん、ベトナム人は反発した。各地で激しい抵抗運動を起こしたが、1890年代には武力で抑えられてフランスの植民地支配が確立する。

こうしてフランスは、インドシナ植民地の経営をはじめたが、実際には経営ではない。インフラ整備に投資したり、新技術を導入したりすることはなく、ただただ奪《うば》い取るだけだった。この時代、ほとんどのアジア諸国は欧米列強に支配されていたが、フランスの植民地支配は飛びぬけて、きびしいものだった。米などの主要作物は、フランス政府の言い値で納めなければならない。反抗すれば、地獄のような刑務所に送られてしまう。フランス本国から送られてくるものは、怖い顔をした役人と「ギロチン」という処刑装置だけだった。当時の残酷な話は、今でもベトナムで語り継がれている。そのため、ベトナムのテレビドラマに登場するフランス兵は、必ず悪役だ。

ベトナム人も黙ってフランスに従っていたわけではない。1905年には東游（ドンズー）運動がはじまる。これは、日露戦争に勝った日本に学び、フランスからの独立を目指すものだ。1925年に、グエン・アイ・クオック（後のホー・チ・ミン）がベトナム青年革命会を結成した。その後、ホー・チ・ミンを中心とする独立運動は、多くの人々から支持されて拡大していく。1930年には、インドシナ共産党が結成されて、独立運動の中心となった。しかし、インドシナ共産党は植民地政権から激しく弾圧され、その運動はしだいに制限されたものになってしまった。

1939年、第2次世界大戦がはじまった。ここで時代は大きく変わる。翌1940年になると日本の軍隊がベトナムに入ってきた。当時のフランスは、ドイツに降伏していた。そのためフランス領だったベトナムは、ドイツのものになった。そして、日本とドイツは同盟国なので日本はベトナムに軍隊を進駐させたのだ。

当時の日本は、〝大東亜共栄圏（注）〟を建設し、「欧米列強からアジアを解放する」という名目で、アジア太平洋地域に軍隊を進めていった。当初のベトナムでは、その話を信じて日本軍を歓迎した。日本はベトナムの独立を約束していたのだ。ベトナムの人たちは、「鬼より怖いフランスを東洋の仲間が退治してくれる。これでフランスから独立できる」と、本気で考えた。実際に、日本兵が行進していると、「カムオン、ニャットバーン（日本ありがとう）」と声をかける人もあったそうだ。しかし、その実態は違っていた。フランス支配に日本が加わっただけでベトナムは独立を果たせなかった。

こうして日本軍は、ベトナムに進駐したが、この国に政府を作って統治したのではなかった。日本から役人を派遣して新たに行政機構を作るのは大事《おおごと》だ。当時の日本は、アジア各地で植民地化を進めていたため、そんな余裕はない。また、インドシナ現地のフランス政権は親ドイツ派だったこともあり、引き続きフランス政権が統治をした。そのため、軍事的な支配者は日本だが、行政はフランス人、という形になった。

この時代には、農業経営が維持できないような低価格での米の強制買い付けや非食用作物への強制転作などがあった。フランス政権が買い取る米の値段は、市場価格の八分の一だった年もあった。戦争末期には、ベトナム北部で食糧難が発生して、餓死《がし》者が出るようなこともあった。

1945年、アジアに吹き荒れた嵐のような戦争は、日本の敗戦で幕を閉じた。日本が無条件降伏したのが8月。翌9月2日にホー・チ・ミンは、北部ハノイでベトナム民主共和国の独立を宣言した。一方、南部では、フランスが植民地政策を続けた。ホー・チ・ミンは、独立を宣言したものの、進入してきた中国軍のために都市の治安が保てなかった。中国軍の無法を抑える軍事力がなかったのだ。その中国軍をフランス軍が追い出して、主要な都市部はフランスの手に落ちた。しかし、ホー・チ・ミンらは、独立をあきらめなかった。地方に逃れた彼らは、兵力を増やして抵抗活動を続けた。このフランス植民地政権への抵抗が、第1次インドシナ紛争のはじまりだ。やがて、ホー・チ・ミンらの軍隊はフランスと互角に戦えるような、大きな

放置された戦車があちこちに残る。この地がアメリカとの戦場になった。

勢力になった。

1954年、ディエン・ビエン・フーの戦いでフランス軍は大敗した。これによりジュネーブ和平協定が締結《ていけつ》された。この協定によって戦争は終わり、しばらくの間だけベトナムを南北に分けることにした。そして、南北統一選挙が実施されるはずだった。ところが、実際には戦争が続き、選挙も行われなかった。協定締結の後、フランス軍は撤退した。そして、フランスに代わってアメリカが軍隊を送り込んできた。アメリカの参戦によって戦争はさらに拡大してしまった。これが、第2次インドシナ紛争だ。この戦争を日本では、「ベトナム戦争」と呼ぶが、ベトナム人は「アメリカ戦争」と呼んでいる。

ベトナム戦争でアメリカ軍は圧倒的な物量を投入した。当時は「巨ゾウとアリの戦い」などといわれた。特に空からの攻撃では、大量の爆弾を使った。第二次世界大戦時に世界中で使用された2倍以上の爆弾が、ベトナムへ投下された。ナパーム弾、クラスター弾、白燐《はくりん》弾。様々な爆弾が使用された。

また、「枯葉剤」と呼ばれる非常に毒性が強い化学兵器も使用された。その薬剤を入れるドラム缶にはオレンジ色のペンキが塗られていた。そのため、枯葉剤はエージェント・オレンジと呼ばれていた。この化学兵器はベトナム兵が、ひそんでいるジャングルの草木を枯れさせるためのものだ。しかし、その薬剤の中には、ダイオキシンという猛毒物質が高濃度で含まれていて、植物だけでなくすべての生き物を殺してしまう。アメリカ軍は、この薬剤を飛行機から大量に散布した。散布されたダイオキシンは時間がたっても分解することもなく、地表や生物内に蓄積される。しかも、戦略的に重要な地域には、何度も何度もくり返して散布された。

ベトナム戦争では1961年からこの薬剤が使用された。散布がはじまった直後から、ベトナムでは、流産の発生件数が10倍になった。癌《がん》などの発病も急増した。そして、この薬剤が恐ろしいのは、親から子へと被害が引き継がれることだ。ベトナム南部では、先天性障害がある子どもの出生率が5倍になった。生まれたときには正常に見えても、数年たった後で発病することもある。特にアメリカ軍が重点的に散布した地域では、先天性障害が10倍以上にもなった。ベトちゃんドクちゃんが生まれたのも、そのような重点散布地域だった。ベトナムでの戦争は、その後も長く続いた。そして、その長い期間、枯葉剤という猛毒7万2千トンの散布が続いた。これは、ベトナム全土に1メートル間隔《かんかく》でドラム缶（200リットル）を並べたのと同じ量になる。

この戦争で、ベトナム人380万人とアメリカ兵5万8千人が亡くなった。死亡した兵士の割合は、北ベトナム3に対してアメリカが支援した南ベトナムは1だった。アメリカは戦闘では勝った。しかし、この国を支配することはできなかった。アメリカ兵は永久にベトナムに留まることはない。けれどもベトナム人は、遠い昔からこの地に住み、将来も暮らして行く。ベトナム人の先祖代々から受け継がれた独立への渇望《かつぼう》と決心を、アメリカは理解していなかった。

1973年、パリ協定によりアメリカ軍は撤退した。そして、1975年に南ベトナムの首都サイゴン（現ホーチミン市）に北ベトナム軍が入って戦争は終わった。このときから、ベトナムの南北は統一された。しかし、戦争が終わっても様々な社会問題が発生した。中でも人々の生活を直撃したのが、経済的な問題だった。「極度の物不足」と「極端なインフレ」が発生した。その後、ベトナムの経済を立て直すドイモイ政策（ベトナム語で「刷新」の意味。大胆な市場開放などにより政府の経済統制を実態経済に近づける試み）が広まってベトナムの社会と経済が安定してきたのは、1990年以降だ。

ベトちゃんたちは、1981年に生まれ、1988年に手術を受けた。彼らが生まれ育ったのは、ベトナム戦争の戦後混乱期だ。ベトナム戦争だけではないが、大きな戦争の後に人々の生活が安定するのには何年もかかる。特に南ベトナムでは、政治的にも経済的にもアメリカに全面的に依存していただけに混乱が長く続いた。そのため、海外へ逃れる人が後をたたなかった。いわゆる〝ボートピープル〟として、たくさんの人がベトナムを脱出した。終戦直後に政治的理由でベトナムから去った人たちもいた。しかし、戦後、数年経ってから経済的な理由により国外へ行った人の方が、はるかに多かった。

また、正式な許可をもらって出国した人もいたが、そうではない人たちがほとんどだった。夜中にこっそりと出国する人たちは、信じられないほどの大人数が、小さな舟に乗って海にこぎ出す。当時のベトナム近海は無法地帯で、多くの海賊が出没していた。また海が荒れれば、小さな舟は簡単に沈んでしまう。もちろん、そんなことは分かっている。この時期は、「命をかけてでも国外へ逃れたい」と考える人が絶えない時代だったのだ。

（注）大東亜共栄圏：欧米の植民地支配からアジア諸国を解放し、大日本帝国を中心にした連合を建設する、という名目で日本のアジア支配を正当化する構想。

ベト・ドク手術チームの主要なメンバー

姓名	生年	当時の服務	専門	勤務場所
◆外科				
ゴ・ザ・ヒ	1916	泌尿器科顧問	泌尿器	医科大学病院
チャン・ドン・ア	1941	手術・回復総責任者	小児外科	2号小児科病院
ヴァン・タン	1938	外科部長 副院長	総合外科・心脈・胸部	ビンヤン病院
チャン・タン・チャイ	1939	外科主任	小児・産婦手術専科	1号小児科病院
ヴォ・ヴァン・ターン	1949	脊髄科副主任	整形外科	外傷整形センター
グエン・ヴァン・ヒエップ	1941	泌尿器科主任	整形・尿泌器	ビンヤン病院
◆麻酔・回復				
ゴ・トン・リエン	1934	麻酔科総責任者	麻酔学	ヤーデン人民病院
ヴァン・ミン・ス	1928	麻酔科部長	麻酔・回復	ツーズー病院
レ・ティ・テュアン	1949	麻酔科副部長	麻酔・回復	ビンヤン病院
◆検査				
チャン・ヴァン・ビン	1938	血液学副主任	血液学	医科大学病院
◆心臓				
グエン・バ・ニイ	1944	小児科副主任	小児心脈	医科大学病院
◆その他				
グエン・ティ・ゴック・フォン	1944	ベト・ドクの主治医		ツーズー病院
ズオン・クアン・チュン	1928	ホーチミン市保健局局長(おじいちゃん)		保健局
タ・ティ・チュン	1931	ツーズー病院副院長(おばあちゃん)		ツーズー病院
グエン・ティ・ムオイ	1944	ドク介護担当（育て親のお母さん）		ツーズー病院

第１章　直前まで続いた医師団の葛藤

ベトちゃんドクちゃんの二人は、結合して生まれ育った。そして、ベトちゃんが５歳のときに、突然高熱を出して意識を失ってしまった。重い脳炎になってしまったのだ。そのため、ドクちゃんの命を守るためにも手術で分離することが急がれた。

この分離手術は、日本で行われたと思っている人が多いそうだ。日本の全国紙に、そう書いてあるのを私も読んだことがある。しかし、彼らが手術を受けたのは、ベトナムのホーチミン市で、執刀《しっとう》したのはベトナム人医師たちだ。また、手術の事前検討もホーチミン市で行われた。

事前検討では、下腹部が結合した二人を切って分離する方法を議論する。手術で、具体的にどの部分を二人のどちらに引き渡すかを決めなければならない。二人で共有の部分はどちらに分けるのか。それとも分割して両方に分けるのか。また、それは技術的に可能なのか…。

これは、簡単に結論が出るような問題ではない。

ベトナム人は大陸系の民族なので、思ったことは何でも口にする。どこかの島国のように「沈黙の美徳」などはない。その上、検討会議に出席した医師たちは、自他ともに認める各分野の第一人者だ。会議は大荒れに荒れた。誰もが自分の言いたいことを100%主張する。しかし、その場では怒鳴《どな》り合ったとしても、後に尾を引かないのが大陸型の討論スタイルだ。

ベト・ドクの分離手術は、世界的にも前例がない大手術だった。手術の実施が正式に発表される前から、医師団は、手術方法を研究、検討してきた。集まった医師はチャン・タン・チャイ医師、ゴ・ザ・ヒ教授、チャン・ドン・ア医師、ヴァン・タン医師。医師団は、以前から支援をしていた日本に検討結果を送った。日本側からの返信では「この案は堀教授の考えと同じである。二人とも生命を保証するのは難しく、ベトが犠牲になる可能性が高い」というものだった。

こうしているうちにも脳炎を発症しているベトの病状は日々悪化していて、緊急処置が何度も行われた。もし、ベトが死亡すれば、体が結合しているドクも生きていられない。日本の荒木医師は、「残された時間はあまりない。手術の準備を急ぐべきだ。気候が涼しければ細菌に感染する確率が低いので、秋に実施するのが良いだろう」と提案した。

1988年6月14日に、ホーチミン市保健局ズオン・クアン・チュン局長は正式に手術チームと顧問団を設立した。その日からベト・ドクの手術日まで、分離する方法を決定し、統一マニュアルを作成するための激しい議論が連日続いた。

ドクを救うために、ベトを犠牲にするのか？　二人とも生かすことを考えれば共倒れになってしまう。ドクを優先しながらもベトの生命を維持できるのか…。

患者の内科的診断、血液学の所見、外科的治療など、すべての検討課題で白熱した討論が続いた。また、医師団の中で例え一人でも本心から協力する姿勢をくずせば、すぐに会議は行き詰まってしまう。

考えられる、あらゆる状況が検討された。特に腎臓《じんぞう》については激しい議論となった。ベト・ドクの腎臓が一組しかなければ、二人の生命をともに助けることは難しい。その場合、左右一組の腎臓を一つずつに分けるのか？　しかしそうすれば、ベト・ドクともに腎臓の機能が弱くなる。腎臓はドクを優先し、ベトは人工腎臓にするのか？　それも考えられない。手術でメスを入れるベトの切開《せっかい》口は60～80センチにも達するため、人工腎臓は使えない可能性がある。なぜなら、人工腎臓を使うには、原則として手術の切開部分は完全に縫合《ほうごう》され、出血が無いことが条件だ。そのため、もし腎臓が一組しかない場合、ドクを優先しベトを犠牲にするしかない。この懸案では時には大声を出したり、机をたたいたりするような激しい議論が続いた。

今回の手術は、ホーチミン市の医学界がはじめて行う大手術だったので、各分野の第一人者が集められた。参加した誰もが才能に恵まれ、豊富な経験と輝かしい経歴の持ち主だ。プライドが高い人は、簡単に自説をまげることはない。議論は白熱し、時には議論が行き詰まってしまうこともある。そんな会議が何回もくり返された。

故トン・タット・ツン教授は、この議論を記録している。

「分離手術を行なえば一人を犠牲にしなければならないかもしれない。二人のうち一人しか生存は保障できない。この手術では多量の出血が予想されるので、ドクが犠牲になる可能性が高い。なぜなら、ドクは先天的に心臓が弱いので大量出血に耐えられないと予想される」

医学的な所見、道徳的見地、技術的な問題など多方面にわたって討論した。医療倫理の観点から言えば、二人とも助けなければならない。兄弟のうち一人を犠牲にすることは、考えられない。ベトは植物状態だが、生きている。脳波計のバイタルサインは続いている。しかし、二人が腎臓を共有していれば、二人とも助けることは難しい。

意見の中には、「ベトの状態は悪く、長期の生存は望めないだろう。もしベトを犠牲にして、すべての器官をドクに渡せば、手術時間が短縮し、リスクを減らすことができる」という考えもあった。

ドン・ア医師は注意深く観察し、ベト・ドクが共有する器官を診察した。性器と肛門は共通

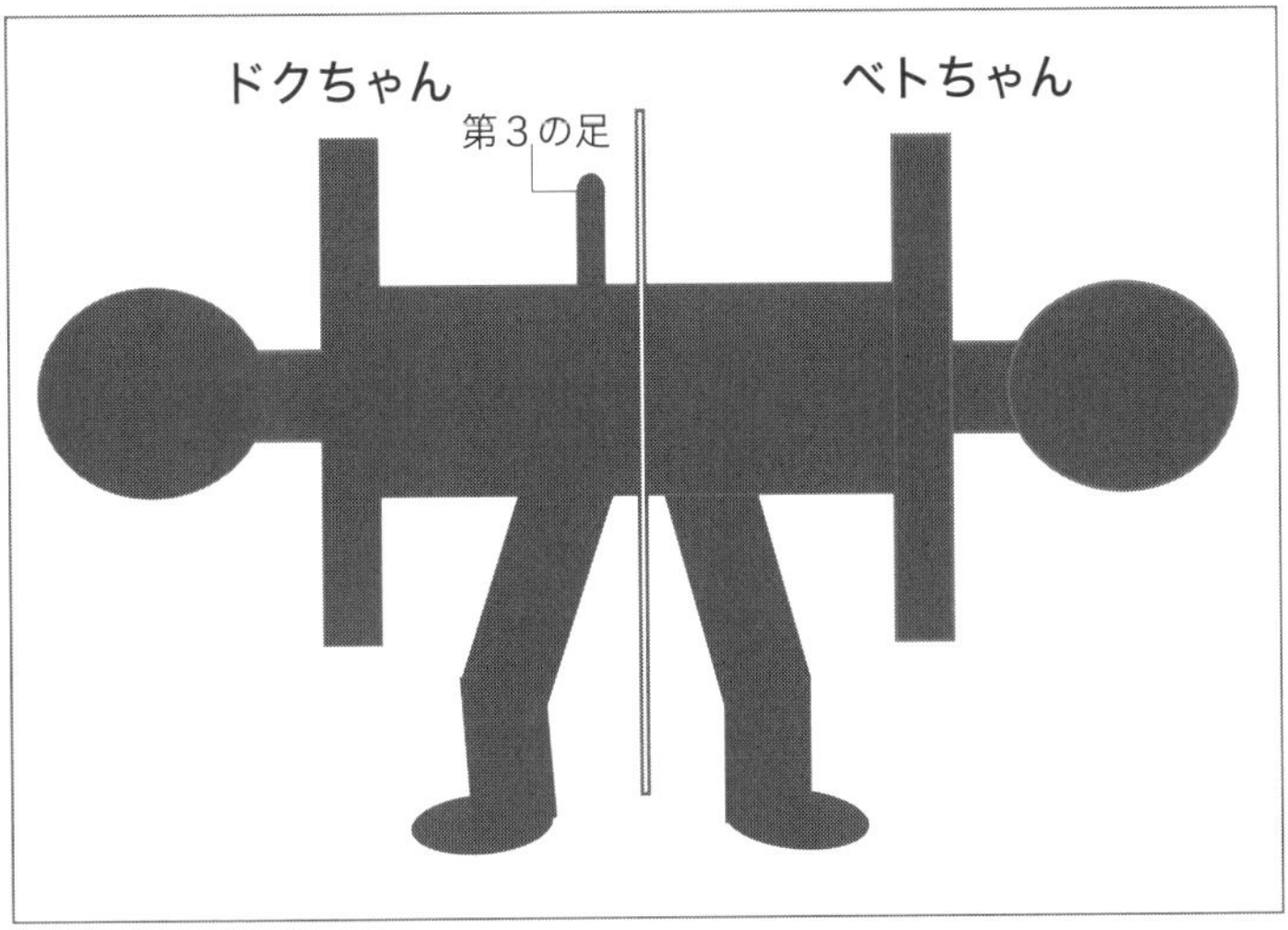

なので、ベトが脳性麻痺《まひ》になり、ドクは排便が困難になった。このことで大腸の共有が確認できる。
　二人には共通の小さな足がある。その足のドク側をくすぐればドクは反応して笑うが、ベト側を刺激してもドクは反応せず、ベトが反射的に動く。この足も二人で共有している。
　どうやって共通している部分を分けるのか。例えば一人ずつに半分の性器、半分の肛門…。それは不可能なことだ。この点について、ドン・ア医師は自分の持論を最後まで守り通した。ドクを優先し、ベトには人工肛門を使う。
　しかし疑問も残る。すべてにドクを優先してよいのだろうか。なぜなら、半分はベトの神経に支配されている。ドクを優先したら、半分が動かないことになる。ドン・ア医師は、これまでに数百例の大腸と肛門奇形の手術をしてきたので、そのことを経験的に知っていた。

こうして議論は長引き、医師団を組織したチュン保健局長は何回も手術予定日を延期しなければならなかった。彼は広い視野で、手術チーム全員を見ていた。そして、手術チームは手術のすべてに対して責任感を持っていた。医師たちと意見の相違はあっても、彼はあきらめなかった。

「個人的な理由で辞めるのは、医療の道に反する。自分の本意でなくとも、各個人の調整に尽くした」と彼は言う。

彼は10年以上ホーチミン市で招集した医師たちと共に働き、医療現場の浮き沈みを経験してきた。そのため個性豊かな医師たちのすべてを理解していた。チャン・ドン・アは感情豊かな人だ。少し気難しいチャン・タン・チャイ。柔順な思考のヴォ・ヴァン・ターン。勝気なヴァン・タン。この手術を成功に導くために彼らは、集まった。しかし、手術方法の意見を統一するのは簡単ではなかった。局長に協力するよりむしろ、決裂を期待している人のほうが多いようにすら感じた。

会議では、医科大学のゴ・ザ・ヒ教授がこめかみに手をやり、目を閉じる場面が何回もあった。

「医学の理論を論ずる場なのに、屠殺場《とさつば》のようなさわぎだった」と、後日語っている。

激しい討論がいつまでも続く中、ある意見が出た。

「休憩しよう。腹が減った」

ツーズー病院のタ・ティ・チュン副院長がパンを買ってきてくれたので、簡単な食事をすることになった。

医師たちは、グループごとに集まり、小さなパンとバナナ一本を食べてコーヒーを飲んだ。普段は会議が終わったら、おなかを空かせたまま自転車で自分の病院に戻ることが多かった。最初の時期、手術チームの予算がツーズー病院にはなかったのだ。

この当時、医師の収入は、信じられないほど低かった。医師たちは、そのわずかな給料の中から自腹を切って、ベト・ドク手術の準備をしていた。例えば参考資料のコピー代や、交通費などは、自分で負担しなければならなかった。多くの人は自転車をこいでツーズー病院に行き、汗が引く間もなく会議に参加していた。彼らにとって、唯一の慰めは祖国のために集まって仕事をしているという誇りだけだった。

討論では、チャン・ヴァン・ビン医師が担当するベト・ドクの血液問題について、いつも新しい報告があった。検査の結果が定まらないと手術案の検討が進まない。何種類もの検査をする中、ビン医師は、最初の検査と違って「二人は別の血液型ではなく、同じO型である」ことを確認した。

手術まで残すところ7日となった。この時点でも、まだ、腎臓の問題は、議論が続いていた。もし二人が腎臓を共有しているならば、二人とも救うことは難しい。

激しい討論が続いている中、平行して手術のシミュレーションも行われていた。シミュレーションは毎回厳格にチェックをしながら実施された。そして、その結果を基に手術方法が討論された。

手術室に、いつも20人以上の医師、看護婦、助手などが集まるので、クーラーを3台追加設置した。実際の手術のように、練習でも手を念入りに洗浄してから蒸気消毒した手術服を着て行なった。

表舞台だけでなく、裏で汗を流している助手たちのことも話そう。執刀《しっとう》する医師は船の舵《かじ》取り役であり、麻酔や血液の担当は水先案内人、そして、器具担当の助手たちはオールのこぎ手だ。練習でも本番でも、助手たちはいつも一番早く来て、最後に手術室を出る。準備期間中も実際の手術でも、彼らに焦点が当てられて報道されることはなかった。

ベト・ドク手術チームの助手グループは、2号小児科病院のスタッフが多くを占めた。また、ツーズー病院からソン医師、ビック看護婦、フエ看護婦などのベテランが参加した。「船頭は一人だけでないと混乱する」というドン・ア医師の意見で、執刀医ごとに助手のグループが編成された。一人ずつに責任を持たせ、最後にチーム全体を組み合わせるのだ。

器具担当チームが悩んだのは、様々な病院から器具を集めたので、違う形の器具が寄り集まったことだ。２号小児科病院の器具袋はフランス式で、ビンヤン病院の器具袋はアメリカ式だった。手術では、必要な器具を事前に準備し、袋を開いたときにすべてが揃っていなければならない。仕様も形も違う新旧数千のハサミ、メス、ピン、カンシ…すべての器具を集めて、調整と消毒がくり返された。

手術日が迫ってきた日のこと、手術チームには新しい心配事ができた。ドクの体力のことだ。大きな手術では、患者本人の体力が不可欠な要素だ。ドクは元々体が弱いのに、２年以上前から脳性麻痺《まひ》になっているベトの分も負担している。ベトは植物状態だが、体は成長していた。ベトの体調不良は、ドクの体に直接影響する。そのためドクの体力は次第に消耗していた。

手術中は、予想しなかったことが起こるものだ。そのため、演習で百％成功しても実際の成功率は70％程度だろう。例えば最新の設備、正確な診断や、優秀な医師の技術や経験以外に、全体のチームワークが成功の鍵《かぎ》となる。

麻酔班のゴ・トン・リエン主任は今までで一番多い16人の麻酔チームを編成した。チームは動作手順をくり返し練習した。また、突発的状況に備えて緊急処置のシミュレーションをした。

今回のチームは彼や、テュアン医師、ドン・ア医師など30年以上の経験を持っている専門家が集まった。しかし、経験だけでは解決できない問題もある。麻酔には、三つの重要な要素がある。それは、神経、循環器《じゅんかんき》、内分泌《ないぶんぴつ》だ。だが、ベト・ドクは、そのすべてに異常がある。

麻酔の専門家、テュアン医師とヴァン・ミン・ス医師は「ニューロレプト麻酔」を当初から提案していた。これは、神経遮断《しゃだん》薬と鎮痛薬を同時に使う麻酔方法だ。神経遮断薬によって患者のけいれんや嘔吐《おうと》を抑え、鎮痛薬で痛みを抑える。この方法では、患者が完全に意識を失うことはないので、ガス麻酔もあわせて使うことにした。

手術が目前に近づいても、あわただしく準備が行われていた。麻酔班テュアン医師の指導で若手のグエン・ティ・タン医師（2号小児科病院）、グエン・ティ・クイ医師（1号小児科病院）、グエン・ヴァン・チュン医師（医大病院）は、日本から送られたばかりの最新麻酔薬を注意深く分類する。薬品の仕様書は日本語で書かれていたので、荒木医師の説明で種類ごとに分類し、薬箱にラベルを貼る。これは緊急の場合に、素早く薬品を確認して対処するためだ。麻酔班主任のリエン医師は人員配置し、手術室内での手順を指定する。麻酔専門医、助手、予備人員は、どう動くか。お互いの邪魔にならないように動作の練習をくり返した。

何度も練習をくり返すことで、様々な問題が浮かび上がってくる。一番の問題は、おしゃべりだった。手術室で大勢が一斉に話すと秩序が保てない。

「話すのはひとりだけ！」

外科主任のドン・ア医師は何度も言わなければならなかった。

最初の案では、二人を分離した直後にベトを縫合《ほうごう》するグループが、ベトを別室に移動すると決めていた。けれども練習中に、すぐ隣の手術台に移動して縫合することに変更した。腹部を大きく切り開いているので、移動の時間が長ければ細菌感染の可能性が高くなる。不測の事態が発生する可能性は、できるだけ低く抑えなければならない。

二人を切り離した直後を想定して、ソン医師らはシートを素早く張る手順を何度も練習した。腹部を切り開いてしまえばベト・ドクの内臓はすべて外に飛び出してしまう。内臓が外に出ないようシートで保護しなければならないのだ。ドン・ア医師は、この手順を厳しく指導した。

「患者を固定。ベッド、機材同時移動。気をつけて。素早く」

彼ははっきりした大きな声で、ソン医師らに命じていた。

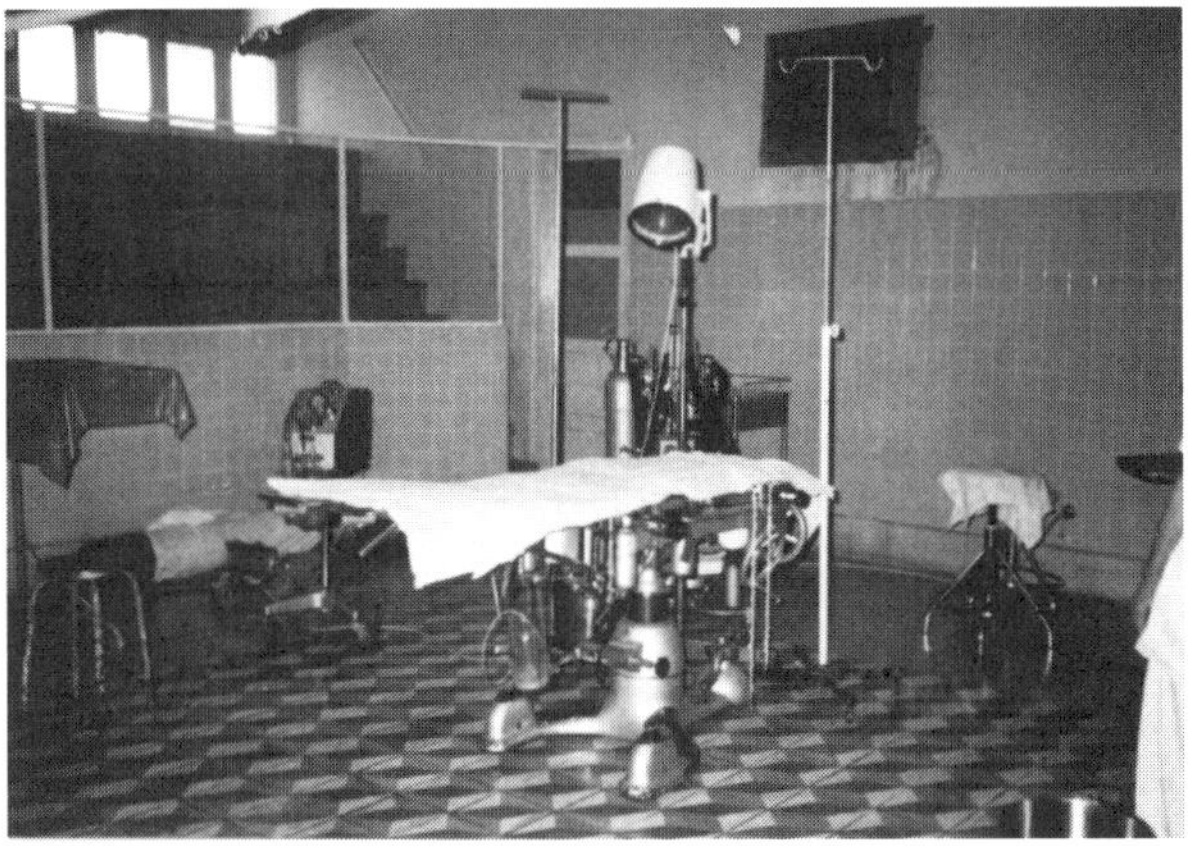

改装前の手術室。

器具台を合理的に配置して扇形《おうぎ》にハサミ、メスなどを並べる。ベト・ドクの腹部を縫合するときには、それぞれを別の手術台に分けて配置する。手術の最後にガーゼの枚数を担当者が数える。これは患者の腹部にガーゼを残さないためだ。素早く数えて、ガーゼの重さを量る。そして、どのくらい出血があったかを報告する。

経験から言えば、医療事故は、手術の終盤に発生するものだ。今回の手術は15時間以上かかることも想定され、長時間緊張を強いられるので、思わぬミスが発生する可能性がある。そのため、患者の腹部にガーゼを忘れるような信じられないミスも起こりうる。

保健局の建設部は記録的なスピードでツーズー病院を改装した。これまでにない大手術のため、突貫工事で病室を改装した。当時は、電力事情もよくなかったが、電力局は手術の前後にツーズー病院の電圧を安定させると保証した。また、殺菌消毒や連絡システムなども、国際レベルの医療設備を導入した。

手術の1週間前、日本医師団の近衛氏、渡辺氏がホーチミン市に到着した。日本の報道機関から日本電波ニュース社、朝日新聞、共同通信などの記者が20人ものカメラマンとともに到着した。日本電波ニュース社は手術用の照明にカメラを取り付けることを申し入れて許可された。

これでベト・ドクの手術を直接撮影することができる。

手術日が近づくと、ツーズー病院は緊張した雰囲気に包まれた。その時期、一番積極的に活動をしていたのは記者たちだった。彼らは医師たちの空いた時間をみつけては、外科主任のドン・ア医師や麻酔班主任のリエン医師などにインタビューをした。医師たちは緊張し、無口だった。彼らは世界的にも前例のない大手術に、これから立ち向かわなければならない。

手術実施の数日前に、思わぬニュースが飛び込んできた。ベト・ドクが検査で訪れた日本で撮影したX線写真の中に、腎臓の画像があったのだ。フィルムにはベト・ドクそれぞれの腎臓が、はっきりと写っていた。これならば、二人にそれぞれの腎臓を残すことができる。安堵《あんど》のため息が出るとともに、くやしい気持ちにもなった。腎臓をめぐって、どれほど長い時間を討論に費《つい》やしたことだろうか。

第2章　歴史的な15時間

ベトナムの南部、ホーチミン市の一年は、雨季と乾季に分かれている。手術が行われた10月は、例年天候が安定している。雨季だが雨量は少なく、雨季特有の突風も少ない。また、雨が降るのは、ほとんどが夕方だ。

ところが、手術当日の1988年の10月4日は、朝から雨になってしまった。南国とはいえ、まだ明けやらぬ早朝の雨は冷たいものだ。その雨のなかを医師や看護婦などすべての関係者は、夜が明ける前に病院へ集まった。

1988年10月4日、午前4時。夜明け前のホーチミン市に、音もなく小雨が降りはじめた。こんな時間にもかかわらず、ツーズー病院の院内は熱気に満ちていた。4時30分には、すでに手術主任や麻酔班長、そして助手や看護婦たちが顔をそろえていた。多くの医師たちは、雨で

ホーチミン市内を走るシクロ（人力車）

髪が濡れていた。彼らは雨の中を自転車でやって来たのだ。
病院の食堂では、大きな鍋《なべ》を出してお湯を沸かそうとしていた。朝食に、温かいフォー（米麺）を食べてもらう予定だ。麻酔班は、他のグループより先に準備をはじめなければならない。予定時間になってもフォーのスープはできなかったので、一人に2個ずつ、ゆで卵を配った。麻酔班とその助手たちは、ゆで卵をほお張りながら手術室に向かった。病院のスタッフがあわてて追いかけ、パンを渡そうとしたが誰も受け取らなかった。

麻酔医と助手たちは小走りで準備に向かった。「早く行こう。一秒も無駄にできない」

彼らは執刀《しっとう》医を支える大切な役割を自覚していた。

本降りになった雨の中、執刀医たちが次々とツーズー病院に到着した。ちょうどその時、お湯が沸いてスープができた。病院のスタッフが、ゆがいた麺にスープをかけて、一杯ずつ手渡す。医師たちがフォーを食べる光景を、日本の記者が撮影していた。最新の医療設備を駆使《くし》して前例のない難しい手術に臨む医師たちの食事は、一杯の麺だけだった。これは外国人記者にとって、想像もできなかったことだろう。

医師団を編成したズオン・クアン・チュン保健局長は食後のお茶も飲まずに席を立って、消毒室に向かった。

「皆さんは、ゆっくり召し上がってください。私は先に行きます」

消毒室で取材のグループを見つけた。一つはホーチミン・テレビ局、もう一つは日本電波ニュース社だ。

「麻酔が終わるまで撮影禁止」

彼は大声で報道陣を追い出した。しかし、カメラマンにとって、この日の映像はどんなものでも大きな価値がある。チュン局長がいなくなると、彼らはまた撮影をはじめた。

当初の計画では、ドクが冷静なら手術台に運んでから麻酔をすることになっていた。当日の朝、ドクは落ち着いた様子だった。チャン・ドン・ア医師は、これまでに長い時間ドクに愛情をもって接してきた。そのため、ドクはドン・ア医師を信頼していた。当日の朝、ドン・ア医師が病室に行くと、

「ドン・ア先生。もうすぐチョキチョキですか?」

ドクは、手でおなかを切るまねをした。

その後、入浴を終えた頃から周囲の人たちの緊張が伝わり、ドクは泣き出してしまった。ド

クの周りにいる看護婦やシスターは、これからはじまる手術のことを知っている。それは、生死にかかわる過酷《かこく》なものだ。これまでの日々が思いだされた。

ベトとドクが、この病院に来たときは、片言しかしゃべれない赤ちゃんだった。成長とともに、やんちゃないたずらもするようになった。そして、わたしたちのことをお母さんと呼んでくれた。

誰も口にしなかったが、この子たちに生きて会えないかもしれない、と思うと涙が止まらなかった。そんな彼女たちを見て、ドクはますます大きな声で泣き続けた。そのとき部屋にいた人は誰もが、冷静ではいられなかった。

ベト・ドクがいる衛生準備室から20メートル離れた手術室から、睡眠薬注射の指示があった。短時間性の睡眠薬が指示され、テュアン医師が注射した。この薬は10分間だけ作用し、その後、患者は目覚めてしまう。注射の直後にドアが開き、別の指示が届いた。

「睡眠薬を使用してはいけない」

しかし、その時すでにドクは寝息をたてていた。もう、後戻りはできない。指示が後手に回ろうとも、前に進まなければならない。

そんな中、予想外にうまくいったこともあった。患者をストレッチャーに移して、手術台へ移動するのは3分で完了した。これは、何度もくり返した練習の成果で、無駄なく動作ができたからだ。

ベト・ドクを運び入れた手術室内では、麻酔班のリエン医師とテュアン医師が大粒の汗をかき、大声で指示していた。睡眠薬の注射により、ドクの脈が弱くなってしまったのだ。

「その時は本当に緊張しました」と、リエン医師は後に語っている。

麻酔班は急いで、酸素供給や静脈確保などの緊急処置をした。そんな緊張のせいか、手術室の医師や助手たちは、くり返し注意された〝私語〟の規則違反をしていた。練習中、いつもリエン医師は指導していた。

「何が起こっても、耳にささやくだけ。大声を出してはいけない」

テュアン医師はもっと厳しい言葉で言う。

「大声を出したら、口に絆創膏《ばんそうこう》を貼って手術室から追い出す」

そんな緊迫した状況でもチュン局長は冷静だった。局長は、いつのまにか手術服を着て明確に指示をしていた。

ドクの睡眠薬の効果は序々に薄れ、ベトの方は、けいれんを起こしている。死神は二人のすぐそばまで来ていた。麻酔班は16人全員で緊急処置をする。麻酔班以外に心臓担当のニイ医師らも休むことなく処置を続けた。二人の体調は、ほぼ安定したが、ベトの脈拍《みゃくはく》が一時的に高くなり毎分１８０回を超えることもある。この状況が何度もくり返され、死亡の可能性もささやかれた。ベトは体温や心臓が不安定で、断続的にけいれんを起こす。手術班は万一に備えて、ドクだけを救出する緊急マニュアルを取り出した。

ドン・ア医師は口を固く結び、腕を組みながら部屋の中を行ったり来たりしていた。彼は、後に話している。

「その時、私は緊張して喉《のど》がカラカラでした。なぜならベトの心臓は安定せず、体はけいれんして、コントロールできない状態でした。心臓が衰弱《すいじゃく》したら、ただちにドクの単独救出を実行しなければなりません。二人に共通する血管を遮断《しゃだん》するのです。もし、処置が遅れれば、ドクも死んでしまいます」

チュン局長は、ドン・ア医師に顔を近づけ、穏《おだ》やかに語りかけた。

「戦争中を思い出してみろよ。我々の手術設備は、ひどいもんだった。だけど、死亡率は高くなかっただろ」

ドン・ア医師は、落ち着きを取り戻すために手術室の外に出た。ほどなく、麻酔班長のリエン医師は、団長のチュン局長に報告した。

「患者の体調は安定。すべての手術準備は完了しました」

各担当の医師たちは、それぞれのチェックリストを開いて持ち場についた。

８時30分、手術室のドアが開き、ドン・ア医師をはじめ執刀医たちが入室した。看護婦と助手は、手順通りに箱から消毒された服、帽子、マスクを取り出し、医師の身につけた。これらは日本から送られた紙製の手術衣だ。この手術では、靴《くつ》も使い捨ての紙製のものを使用した。

緊張が高まる中、手術室の医師や助手たちは、開始の合図を待っていた。報道関係者は手術室のガラスの外側から、食い入るように見つめている。ドン・ア医師は、執刀位置に歩み寄る。手術室は音ひとつなく、全員が彼に注目した。ドン・ア医師は、ゆっくりと親指を挙げて、チーム全員を見渡して言った。

「みなさん、始めます」

彼は左手をベト・ドクの腹に置き、右手に手術用のペンを持って切開線を描いた。顔を上げて回りの医師たちにアイコンタクトする。医師たちは、黙ってうなずいた。

脇腹の端から端まで、流れるようにメスを入れた。腹部前面の自然な曲線を正しくトレースする。二人の副足（ドクの左側にある小さな足）から切開し、ドクに性器と肛門の部分を残して恥骨《ちこつ》の２センチ右側で止める。手術の最後にド

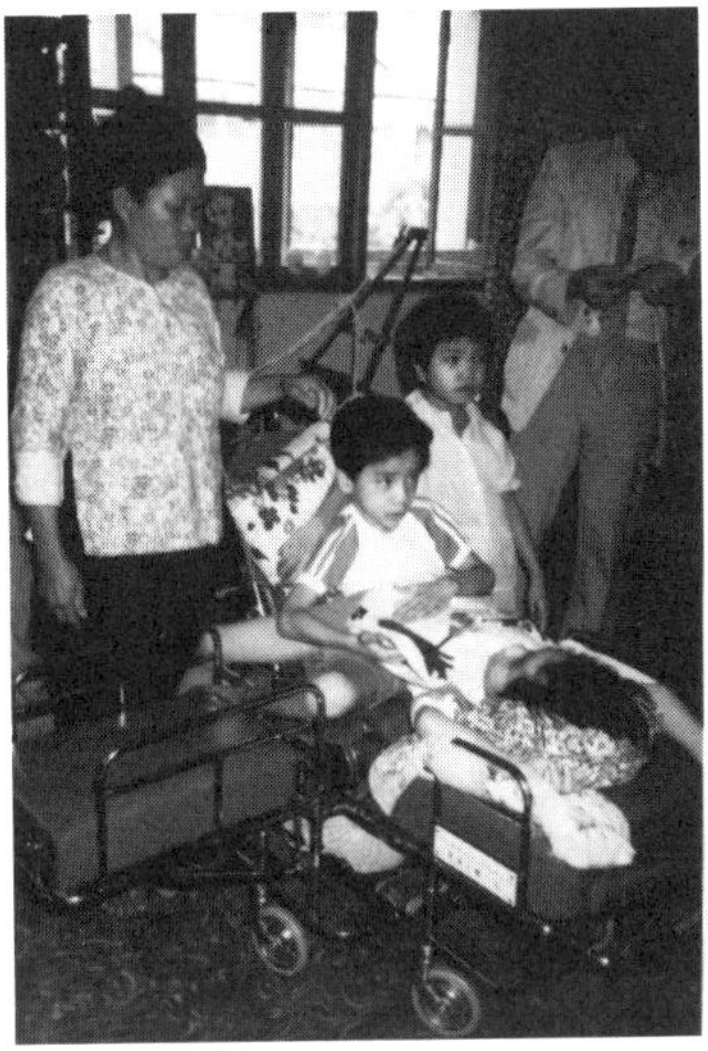

分離前に使われていた特製車いすに乗った、ベトちゃんとドクちゃん。

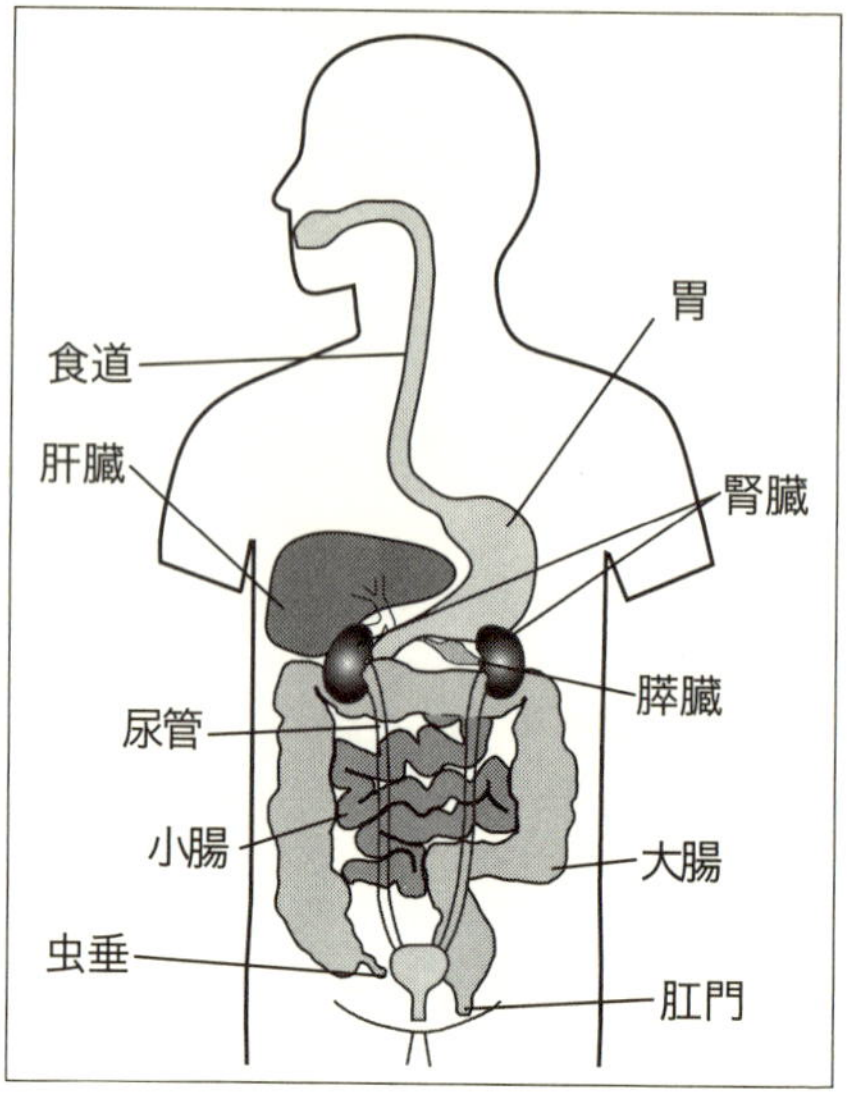

クの腹部を閉じるため、皮膚に縫《ぬ》いしろを残した形に切開する。

ドン・ア医師は、熟練の手つきで腹部の切開口を奥深く拡げてゆく。執刀医へ手術具を手渡す助手の手は、順序よく安定し、しかも冷静だった。執刀医が伸ばした手に、助手は要求に応じた術具を正確に手渡す。一瞬も無駄な動作はない。切り開かれた腹部には数百の血止めクリップがすきまなく詰め込まれていた。開口部をフックで固定し、ドン・ア医師はハサミを左右に傾けながら切開を続ける。ベト・ドクの腹部構造は健常者とは違うので、通常は切開しない筋肉組織の奥深くまで処置しなければならない。また、脈管系統も多くの血管にメスを入れなければならなかった。

外科手術で最も重要なのは止血処理だ。止血が十分でなければ手術は失敗に終わる。あらゆる予想と事前計画は異常出血が起これば、狂ってしまう。ドン・ア医師たちは忍耐強く慎重にメスを進め、切開と止血をくり返した。

午前9時、ドン・ア医師はベト・ドクの腹部に手を入れ、腹部にあるすべての部分を調査する。手を開口部の奥深くに入れて慎重に腸を引き出した。手術室の照明灯が、幼い二人の内部を照らし出す。調査は手術の担当医だけではなく、世界中の医学者が注目している重要な工程だ。

9時45分、30分程の調査の後、ガーゼで一時的に腹部を覆《おお》い、その場で素早く打ち合わせが行われた。ドン・ア医師は冷静な態度で、手術チームに二人の内臓奇形は事前に予想した通りだ、と説明した。

●小腸の終端部と大腸が結合している。
●尾骨《びこつ》と仙骨《せんこつ》の結合部分に、二つの腎臓が重なっている。
●二人の骨盤の間に、副足があり副骨盤が付いている。
●主な血脈は、二人の動脈の中央部に通じているが、血管は異常な位置にあり副骨盤の上部にも通じている。

その他として、副足の血管はとても複雑な経路を通っている。また、大腸に栄養を送るすべての動脈は、ベト側からのものだった。

ドン・ア医師は、ためらうことなく決断した。事前計画通りの手順に従って手術を継続する。

副足の異常な構造の内側に小腸血管があるので、最初に小腸血管をすべて表に出す必要がある。

手術中は、隣の部屋に顧問団の教授、医師など数十人が集まって手術室のテレビ画面を見守っていた。予期せぬ事態が発生した時、意見交換して対処方法を合議するためだ。日本のテレビカメラが手術室の照明に設置してあり、病院の会議室のテレビに生中継されていた。ここでは、医師、看護婦そして患者までもが大勢集まり、画面に釘づけになっていた。

その群集の中に、涙を流しながら石のように立ちつくす婦人がいた。彼女はベト・ドクの実母、ラム・ティ・フエさんだ。彼女は自分の腹を切られているような痛みを感じていた。

「神様、わたしの子どもは、どうなってしまうのでしょうか」

彼女は両手で顔を覆い、肩を震わせていた。

10時40分、手術チームは小腸の切断を実施する。二人の心脈系統の中央部に接続した心臓補助装置は安定していて、データはほとんど変化がない。しかし、時に2分ほど手術チームが中断することもある。ベトの血圧や脈拍の状態が不安定なのだ。

手術室のすぐとなりでは、血液検査室が休むことなく活動していた。15分から20分おきに検査を行う。検査で異常の疑いがあると、血液班の医師団は手術中止の判断を下す権利がある。

血液班の班長、チャン・ヴァン・ビン医師は、後に語っている。

「手術時間中、私たちは息が止まるほどあわてたことがありました。ベトの血が採血チューブから出てこなくなったのです。ただちにチーム全員で、すべての検査の計画を変更する打ち合わせをしました。ベトの指先から採血して、班員は一滴の血を食い入るように調べていました」

ビン医師は、前日は準備で一睡もしていない。彼は辛くなるとドクの無邪気《むじゃき》な歌声を思い出して仕事を続けた。成功か失敗か――幸福か後悔《こうかい》か――。その考えは彼の心に重くのしかかった。手術当日の朝は、その重圧に耐えられない思いだった。

しかし、自分に言い聞かせた。

「もう一度ドクの笑い声を聞きたい。そのためにできることは、すべてやる」

11時20分、この時、手術室内は、20人ほどの人員で手術を進めていた。ドン・ア医師は執刀に集中し、大腸の切断をはじめた。二人で共有している大腸をそれぞれに切り分けるのだ。

手術室内では秩序が厳格に守られていた。静寂の中、時折ベト・ドクの心電図が、ピッピッと警報音を鳴らす。そのたびに、麻酔班のリエン医師は荒木医師と打ち合わせる。そして、慎重ながら素早く対処方法を決定する。この手術で、リエン医師は笑気《しょうき》ガス麻酔を使った。これは大脳の下縁《かえん》部分にだけ作用し、他の部分に影響しない麻酔だ。この方法だとベトの脳とドクの心臓に負担が少なくてすむ。もし、この方法でなければ、ベトの生存は保障できなかった。手術後の記者会見で荒木医師は、麻酔チームを評価した。

「リエン医師の麻酔チームと一緒に麻酔を担当しましたが、私にはすることがありませんでした。みなさんは、私が手術室の中をのんびり歩いていたのを見ていたでしょう。これは社交辞令で言うのではありません。この麻酔チームは世界のどんな大手術にも参加出来るレベルです」

12時0分、ドン・ア医師やチャイ医師は、ヴァン・タン医師らを残して一時的に手術室から出た。手術室では、ゴ・ザ・ヒ教授の指導で、泌尿《ひにょう》器担当班の医師たちが、泌尿器の手術を続ける。ドン・ア医師、チャイ医師が手術室から出ると、同僚や友人に敬意を持って囲まれた。この時間までベト・ドクの命を保ちながら手術を進めてきた執刀医に対し、誰もが喜びをかくしきれない。ツーズー病院の院長は、ドン・ア医師の頭を両手で抱えて、手荒い祝福を贈った。

「見事だね！　さすがだよ！」

保健省の副大臣は、この医師たちをねぎらい、水を差し出した。水を飲むためにゴム手袋を外したドン・ア医師の手は、汗でふやけて真っ白くなっていた。

ベトナム戦争終戦から14年間、今日のこの日まで医学界の人たちが、こんなにも打ち解けてひとつになることはなかった。ここには、出身校の派閥はない。また、国を南北に二分した戦争のわだかまりも存在しない。この場にいる誰もが、ひとつの目的のため、心を同じくしている。

この時、手術室のなかでゴ・ザ・ヒ教授と泌尿器班は、思わず声をあげた。期待していた通り、二人それぞれに腎臓が一組ずつあった。X線写真に映っていた腎臓を実際に確認できたのだ。それぞれの腎臓からは同じ膀胱《ぼうこう》に向かって尿路《にょうろ》があった。そのため、予定通りに膀胱の3分の2をドクに使い、残りの3分の1はベトに使う手術案を実行した。

13時30分、この時点で、手術は当初の予定に比べ3時間遅れていた。何度も危機的状況が発生したため、医師団は慎重に対処する必要があったのだ。整形外科の医師が骨を分離する。二人が共有している腰骨の中には重要な神経がびっしりと詰まっている。そのため、この部分の手術は、繊細な技術を必要とする。

骨を分離する前に、太い静脈を尾骶骨《びていこつ》から外さなければならなかった。これは異常な静脈なので、起点からすべて取り外さなければならない。この静脈はドクの足から心臓に向かって血液が流れているが、ベトの心臓に向かっている枝もあった。15分間血流を止めて他の血脈に変化がないことを確認し、この静脈を切り離した。その後、骨を分離しているとき、ひどい出血があった。骨を起点とする静脈は出血しやすい。特に、骨に接している部分は軟骨化《なんこつ》しているのでその傾向が強い。手術チームは、即座に止血処置をして手術を続けた。そして、骨とともに筋肉組織も分離した。

18時30分、麻酔チームはベトの脈拍と血圧が不安定になったため、手術の一時中断を要求した。その12分後、手術は再開した。

19時15分30秒、ドン・ア医師は、二人をそれぞれに分ける最後のメスを入れた。この瞬間にベトとドクは完全に分離した。これで彼らはそれぞれの人生がはじまる。この時からベトとドクは、結合児ではなくなった。

分離手術はベトナム人医師団が行った。しかし、世界中の支援者、特に日本赤十字社と日本医師団、そして日本の人々の助けがあったからこそ実現することができた。

手術室のガラスの外では、分離された写真を撮るために、すべての新聞記者はあわただしく立ち上がってカメラを向けていた。一方、手術室内は静かな緊張に包まれていた。分離直後の予想を超えた体調の変化がないか、慎重に見守っていた。

ここからは、2台の手術台でそれぞれを手術する。ベトを載《の》せる第二手術台を静かに近づける。ベトの腹部を縫合《ほうごう》するチームのタン・チャイ医師、ヴァン・タン医師らは準備体制を整えた。

分離直後、二人の切開部の総延長は90センチもあり、ほとんどすべての内臓が外に出ていた。手術チームは丹念に滅菌《めっきん》シートを巻き付ける。手術台とシートは、したたるほどの血で赤く染まっていた。10分後、容態の安定を確認してから、リエン医師のカウントでベトを第２手術台に移す。

「1、2、3、移動」

手術チームは、ベトとすべての付属設備を慎重に素早く第二手術台に運ぶ。患者を運ぶチームの移動に合わせ、装置や点滴などを移動させる。ベトにつながれている点滴《てんてき》や輸血チューブ、心電図計、呼吸装置、血液バッグなどを医師たちは細心の注意で静かに運んだ。この移動では手術チームの誰もが息が詰まる思いだった。ちょっとした不注意、ほんの小さなミスでも取り返しのつかない事態になる。

手術室の外では、顧問班室でも会議室でも、誰もが立ったままテレビ画面を食い入るように見つめていた。画面を見るために大勢の人が窓の外にも群がり、中には表の木に登って見ている人もいた。

目に涙をためている人も少なくなかったが、ベト・ドクの介護をしてきた看護婦や、シスターたちは大粒の涙をこぼしていた。今までに見たことがないほど残酷な姿を見て、二人が生きて手術室を出られるとは思えなかった。腸、肝臓、腎臓…。10時間以上かかる大手術で、すべて外に取り出された。この試練に幼い二人は耐えられるはずがないと思った。さきほどまで、ここにいた実母のフエさんは、見ていられなかったようだ。いつのまにか席を外していた。

分離後は30人ほどの医師らが入ったため手術室は狭く感じられた。二つの手術チームは別々の手術台で同時に二人の腹部を縫合する。22時に、ベトの腹部は完全に閉じられた。

ドクの手術台では、ドン・ア医師をはじめとした医師たちが骨盤の整形に取り組んでいた。当初の計画では骨を切断する長さは20センチの予定だったが、実際には合計で60センチになった。また、手術で切った組織に血流を送るため、多くの血管を活かし、細い血管も使う必要があった。そのため広範囲にわたり外科的処置をした。

また、ドクの腎臓はちょうど分離された骨のところにあったので、腎臓を保護するために、臀部《でんぶ》の筋肉組織を使わなければならなかった。もし、この部分を正確に整形しなければドクは座れなくなってしまう。手術チームは腹部を整形するのに、骨盤の内側にある組織のほとんどを使った。

23時10分、手術開始から15時間が経過した。チーム全員は、疲れ果てていた。しかし、緊張の糸は切れることなく、強い意識が保たれていた。ドン・ア医師の手は、ドクの腹部を一針ずつ、素早く、そして確実に縫合していた。チョーライ病院の手術部長、ホーハイ博士は手術室に入り、手術台まで水を持って医師たちに差し出して言った。

「私は、何回も長時間の手術を担当しました。長時間続く手術では最後の瞬間までチームワークを忘れないでください」

手術室のガラス一枚外側では、男性記者は床に横たわり、女性記者は膝を抱えて眠っていた。23時30分、ドクの最後の縫合が終わる段階に入ったとき、すべての記者たちは立ち上がった。同時に器具担当の助手はベト・ドクに使用した止血ガーゼを数えて手術中の出血量を集計した。こんなにも複雑で長時間の手術なのに、出血量は3リットルだけだった。

23時45分、最後の縫合が終わり、麻酔装置が止められた。手術チーム全員が見つめる中、ドクのまぶたが動きはじめた。目が静かに開く。ゆっくりだが確実に意識が戻ってくる様子が瞳の輝きでわかる。現場にいるすべての人々が神聖な思いでこの光景を見守った。ドクは涙で濡れた目で、ゆっくりと周りの人たちを見渡した。それから、まばたきをして涙を一粒こぼした。ドクがおじいちゃんと呼ぶチュン局長は、息が詰まるのをこらえてドクに話しかけた。

「ドク、おじいちゃんだよ。わかるかい」

ドクは横目でチュン局長を探し、そのやさしい顔を見つけて小さく頷いた。そして、もう一粒涙が頬《ほお》を伝って流れた。若い一人の医師はドクの手をずっと握りしめ、

「神様……」と言うだけで精一杯だった。

医師たちは、疲れた顔をマスクで隠し、充血した目でドクを見つめていた。その時ドクが流した涙は、長い手術後の生理的な反射だったのかもしれない。けれども、医師たちにとって、患者の生存を最初に実感する貴重な瞬間だった。長い経験をもつ医師でも、これほど劇的な場面に立ち会うことは少ないだろう。ドン・ア医師は、腕組みしたままこの光景をじっと見つめていた。彼は極限まで疲労し、目を真っ赤に充血させていたが、瞳の奥には感動とよろこびの光が宿っていた。

手術終了直後、日本赤十字社の近衛氏はホーチミン市人民委員会書記長の手を握った。

「手術成功、おめでとうございます。ベトちゃんドクちゃんは自分の国で分離されました」

その夜、手術を終えた医師たちはベト・ドクがいる回復室のすぐ近くで待機していた。早朝から深夜まで休みなく働き続けた彼らは疲れきり、机やイスを並べて、その上に横たわっていた。

午前2時、ドク担当の看護婦が入ってきて知らせた。

「ドン・ア先生。ドクが、ご飯を食べたいと言いました」

チュン局長とドン・ア医師は、思わず眼を合わせた。医師たちの誰もがドクの言葉を待っていた。この一言で、小さな患者が一歩ずつ回復していることを実感した。

第3章　過酷な宿命

サチャイ診療所は、ベトナムの中部高原（コントム省サチャイ県）にある小さな病院だ。1981年2月25日の深夜、診療所に居合わせた人たちは、生まれたばかりの双子を見て言葉を失った。二人は腹部が結合していたのだ。診療所の医師は、子どもの外形を記録することしかできなかった。その後、精密な検査が何度も行なわれたが、検査のたびに複雑な構造が発見された。

記録された資料によると、腹部が結合した双子は、普通の夫婦の第二子として生まれた。父親はグエン・タンさん30歳、母親はラム・ティ・フエさん27歳。夫婦はクアンガイ省からサチャイ県の新経済プロジェクトへ働きにきていた。そこはベトナム戦争の激戦地で、不発弾や地雷、そして化学兵器の被害が2013年になっても、まだ残っている地域だ。

二人は普通の赤ちゃんと同じ妊娠期間で生まれた。しかし、体重は二人で2，200グラムしかなかった。当時のサチャイ診療所の所長は、結合双生児《そうせいじ》が誕生したことを県の書記に連絡した。県書記は、近隣の住民が好奇心から診療所に集まることを心配して警察に警備を要請した。

生後4日目、両親の同意を得て、新生児の二人はサチャイ診療所より大きなコントム病院に転院することになった。このことについて、様々な噂《うわさ》が流れた。なかには、「母親は結合双生児を出産した後、子どもを捨てて逃げた」というものもあった。

後日、母親のフエさんは記者の質問に、こう答えている。

「例え、他の子どもとは姿が違っていても、我が子を捨てる母親はいません」

二人は生後3カ月の時、ハノイのベトナム東ドイツ友好病院（ベト・ドク病院）に移送された。病院長の故トン・タット・トゥン教授が、二人により良い療育を受けさせようと受け入れを決めた。トゥン教授が、彼らの名前を「ベト」と「ドク」と名付けた。

後日公表されたカルテによると、トゥン教授はベト・ドクを手術で分離するべきだと考え、その手術案を書いている。しかしながら、当時の手術設備は十分ではなく、また、ベト・ドクの症例は極めて複雑なため手術に踏み切ることはできなかった。トゥン教授によると、手術をすれば二人のうち一人を犠牲にする厳しい選択をしなければならなかった。その頃、ドクはベトより元気ではなかったので、ドクを犠牲にすることが予想された。また、ベトを救った場合でも脚部の変形による重い後遺症《こういしょう》を残すだろうと書いている。

ハノイの病院で一年が過ぎた１９８２年12月初め、二人は重い麻疹《はしか》にかかり、ホーチミン市のツーズー産婦人科病院に転院した。そこで養育されるとともに、手術方法を研究するための診察を受けた。その時からベト・ドクの生活は多くの人々から注目されるようになった。そして、ホーチミン市の医学界が大きなチャレンジに踏み切るきっかけにもなった。

ベト・ドクは介護を受けながら精神的、身体的な発育を観察された。そして、医師たちはベト・ドクそれぞれの個性がかなり違うことに気づいた。ベトは、まじめでおとなしく、芸術を好み、歌が上手で花が好き。ドクは、兄とはまったく違う。よく話し、小児科にいる50人の名前をほとんど憶えるほど、記憶力が良かった。ドクはベトより健康状態は良くなかったが、活発で、時にはかんしゃくを起こして兄をたたいたりする。そんな時でも、ベトは弟をたたき返すことはなかった。ベト・ドクの幼少期は過酷な共生生活が続いた。

ベト・ドクについて、外国人のような食事をして育ち、恵まれた子ども時代を過ごしたと言う人もいる。しかし、幼い二人の恐怖と孤独を誰がわかるだろうか。何度となく二人は、懸命に格子《こうし》につかまり、不自由な足で立ち、他の子どもの普通の足をじっと見ているところを目撃されている。彼らは一人ずつの足でサッカーをしたり、芝生の上を走ったりすることを願っていた。しかし、神はお金で買えないプレゼントを兄弟に贈ることはなかった。ある日、ベトは頼んだ。

「ちょっとだけでいいから、ぼくたちをお外に連れて行って」

それは悲しい結果となった。病院の中庭にいた子どもたちは遊びをやめて、二人が乗った台を囲み、指さして声を上げげた。結合した部分を見たい好奇心から服をめくり上げる大人もいた。恥ずかしくて、ベトとドクは服を引っ張り返した。

二人は怖くて、泣きながら助けを呼んだ。

「お母さん！　毛布をかけて。お部屋に帰して」

保母は、大慌てで毛布を二人に掛け、抱いて連れ戻した。部屋に戻っても、二人は、互いの顔を見ながらすすり泣いていた。それからすぐに、ドクだけは泣くのをこらえてベトの手を握って言った。

「お兄ちゃん、もう怖がらないでね」

1986年5月22日午後。ベトが突然、高熱を出した。全身がけいれんし、チアノーゼを起こした。ただちに治療がはじめられた。しかし、数時間後に昏睡《こんすい》状態に陥《おちい》ってしまった。このとき、被害者であり目撃者でもあるドクは、ベトが意識を失くすのを見てパニックを起こした。

ツーズー病院では4年間近く、彼らを治療しながら育ててきた。しかし、もしベトが亡くなったらドクの命はどうなるだろうか。もし死んだ体と生きた体がひとつだったらどうなるのか——。生理的必然性によってベト・ドクの治療方針は分離することに決まった。

4歳になったドクは、普通の生活を分かち合うことができなくなった兄を見て、苦しみ続けた。ドクの目の前で、ベトは一日中幽霊《ゆうれい》のように手を揺らし続ける。口を開けたまま一点を見すえて話すこともできない。毎晩、ベトがけいれんして動くので、ドクは熟睡することができなかった。

当時、医師たちは、「ベトの呼吸が止まるとドクも死んでしまう」という現実を深刻に受け止めていた。しかし、ホーチミン市保健局では手術方法案の作成が難航《なんこう》していた。

そんな中、二人の運命を大きく変える幸運の使者が訪れた。１９８６年5月29日、日本電波ニュース社の熊谷記者が、カンボジアからのベトナム軍撤退を取材した後、ホーチミン市に来てベト・ドクを訪問した。記者は二人の危機的状態を知り、その場で撮影を開始した。そして早速ベト・ドクのニュースをベトナムのテレビ局から直接、東京へ送った。

ベトナムからのニュースを受けて、日本のたくさんの組織と人権団体は、あらゆる手段を使ってベト・ドクの現状を日本全国に知らせた。たった一週間で、このニュースは日本中に知れ渡り、多くの日本人の心を動かした。

日本は原子爆弾の被害と、水俣病などの有毒化学物質による公害を経験していた。そのため、ベト・ドクの話を我がことのように考え、同情したのだ。当時の日本はベトナムに対して輸出制限があり、医薬品を送ることはむずかしかった。

「ベト・ドクの治療のために医薬品を送れるようにすべきだ」と人々は日本政府に訴えた。

ベト・ドクの症状は徐々に悪化し、予断を許さない状態だった。そしてようやく、ホーチミン市人民委員会が重い腰を上げた。ベト・ドクの主治医、グエン・ティ・ゴック・フォン医師に、二人の生命にかかわる場合は、外国の援助受け入れを許可した。

1986年6月11日、日本赤十字社は、対外副委員長の近衛《このえ》氏と医師の横森氏、佐藤氏をホーチミン市に派遣した。その日から16日まで、日本赤十字社とホーチミン市保健局は慎重な会議を重ねた。

日本の医師団は、ホーチミン市の病院にある設備を使い、検査と診察をした。診察の結果、できるだけ早く東京へ運ぶことを提案した。これはドクの命を守り、ベトの緊急治療を行うためだ。また、近衛氏は、日本で緊急手術を行う場合、ベトナムと日本の合同で実施するのがよいと考え、計画書の作成を提案した。こうしてベト・ドクは、日本に行くことが決まった。

ベト・ドクが東京へ出発する前夜、ベトナム政府から正式な出国許可は出ていなかった。責任者であるズオン・クアン・チュン保健局長は、心配でいたたまれない思いだった。近衛氏からの知らせによれば、救急医療設備を備えた特別機は、東京の空港で出発準備をはじめている。ベトナム政府から6月17日中に許可が下りなければ、搬送計画は白紙に戻ってしまう。

「どうなるだろうか？」

深夜の静まりかえった病院の中庭を、チュン局長は一人静かに歩いていた。彼は、そこだけに灯りがついている四階の窓を見上げた。その部屋はベト・ドクがいる救急処置室だ。窓の奥では、幼い生命が懸命に助けを求めているように感じた。

6月17日の朝、政府から電報が届いた。ベト・ドクを日本で治療する許可が下りたのだ。その日のうちに、二人に同行するベトナム医師団（ゴック・フォン医師、ソン・ファット医師、ムオイ助産婦）に、出国パスポートが発行された。これまでに、そんなに早くパスポートを発行した記録は一度もなかった。

もう、待ってはいられない。ベトのけいれんは連続していて、脈は時々弱くなっている。ドクはいくら食べてもベトがけいれんするため、ほとんど吐いてしまう。ドクは怖がり、やせて顔は青黒い。

好奇心旺盛で出来事へ敏感に反応するのがサイゴン人気質だ。6月19日は夜明けとともに多くの市民がツーズー病院へ押し寄せた。人々は病院の門を取り囲み、周辺のコンクィン通りからソビエト通りまで、人であふれかえっていた。病院の中もごったがえし、旅の準備に大忙しだった。特にベト・ドクの部屋の前では医師や看護婦、そして患者まで集まり、関係者は人垣をかき分けながら出入りしていた。

助産婦、看護婦、シスターたちは彼らの体を拭き、靴下をはかせ、帽子をかぶせて、飛行機に乗せる準備をした。日本電波ニュース社とホーチミン・テレビ局は、ベト・ドクが日本へ運ばれる貴重な映像を記録するため、目の色を変えて撮影をしていた。

朝10時、1975年のベトナム戦争終結以来、初めて日本の飛行機がホーチミン市の上空に現れた。事前に連絡を受けていたタン・ソン・ニャット空港は到着の準備を整えて、航空機は無事に着陸した。後日、近衛氏はその日のことを振り返ってうれしそうに語っていた。

「私たちが初めて東京・ホーチミン市往復の道を開きました」

巨大な専用機には、12人しか搭乗していなかった。9人の看護婦は淡いピンク色の白衣を着て、黒い靴《くつ》に白い靴下を履いていた。同行した医師は七瀬医師と小吉田医師。日本の医師団を乗せた車の前を、サイレンを鳴らした救急車が先導してツーズー病院に向かった。一団が病院へ到着した時、門の前は、すきまがないほどの群集で埋めつくされていた。そのため、交通整理をする警官は、車を通すのにひと苦労だった。

日本の医師団は、緊張した表情で、会議室に入った。小吉田医師はチュン局長に、ベト・ドクを診察して、すぐに日本へ運びたいと申し入れた。

チュン局長は、答えた。

「お願いします。私たちの準備は、できています」

日本医師団の看護婦たちは鞄《かばん》を開き、帽子とマスクを着けた。小吉田医師らも白衣を着ながら階段を上がった。ベト・ドクの部屋に入り、熟練した動作で診察する。そして、日本から持ってきた薬品を取り出してベトに点滴《てんてき》をした。日本の医師が指示をするたびに日本人看護婦は、はっきりした声で、「はい」と答えるのが印象的だった。

ベト・ドクを病棟の一階に降ろし、車に乗せて空港に向かう。ツーズー病院から、救急車はサイレンを鳴らして走り、国内外の報道関係者は幌《ほろ》を外したトラックでそれを追った。一団の車は、飛行機のタラップに横着けして停まり、ベト・ドクを下ろす。ここからは二人を担架《たんか》に乗せたままタラップを上がるのだが、揺れないよう、慎重に運んだ。大勢が担架を囲み、緊張しながら運んでいるときに、ドクは突然、体を起こして叫《さけ》んだ。

「おじいちゃん。おじいちゃんは、どこ?」

チュン局長は走り寄り、ドクにキスをした。彼は胸がつまりそうだった。

「おじいちゃんだよ。早く治して帰っておいで」

チュン局長は飛行機が離陸するのを、強い風に白髪をなびかせながら、じっと立って見ていた。彼はベト・ドクの治療責任者として感無量の思いがあり、眼鏡の奥で涙をこらえながら、小さくなる機影をいつまでも見ていた。


日本へ同行したグエン・ティ・ゴック・フォン医師は後に語った。

「ホーチミン市から東京に向かう6時間の機内で、ベトは二度、心肺停止になりかけました。しかし、日本医師団の的確な処置により、二人は無事に東京へ着くことができました」

夜9時、東京の空港に着陸した。そこでは、300人ものマスコミが集まり、撮影の照明やカメラのフラッシュが数多く光っていた。その後、日赤病院に搬送され、ただちに検査が始まった。東京でも屈指の小児科医が集まり、必要な検査を夜12時まで実施した。記者会見が開かれたのは深夜1時だった。

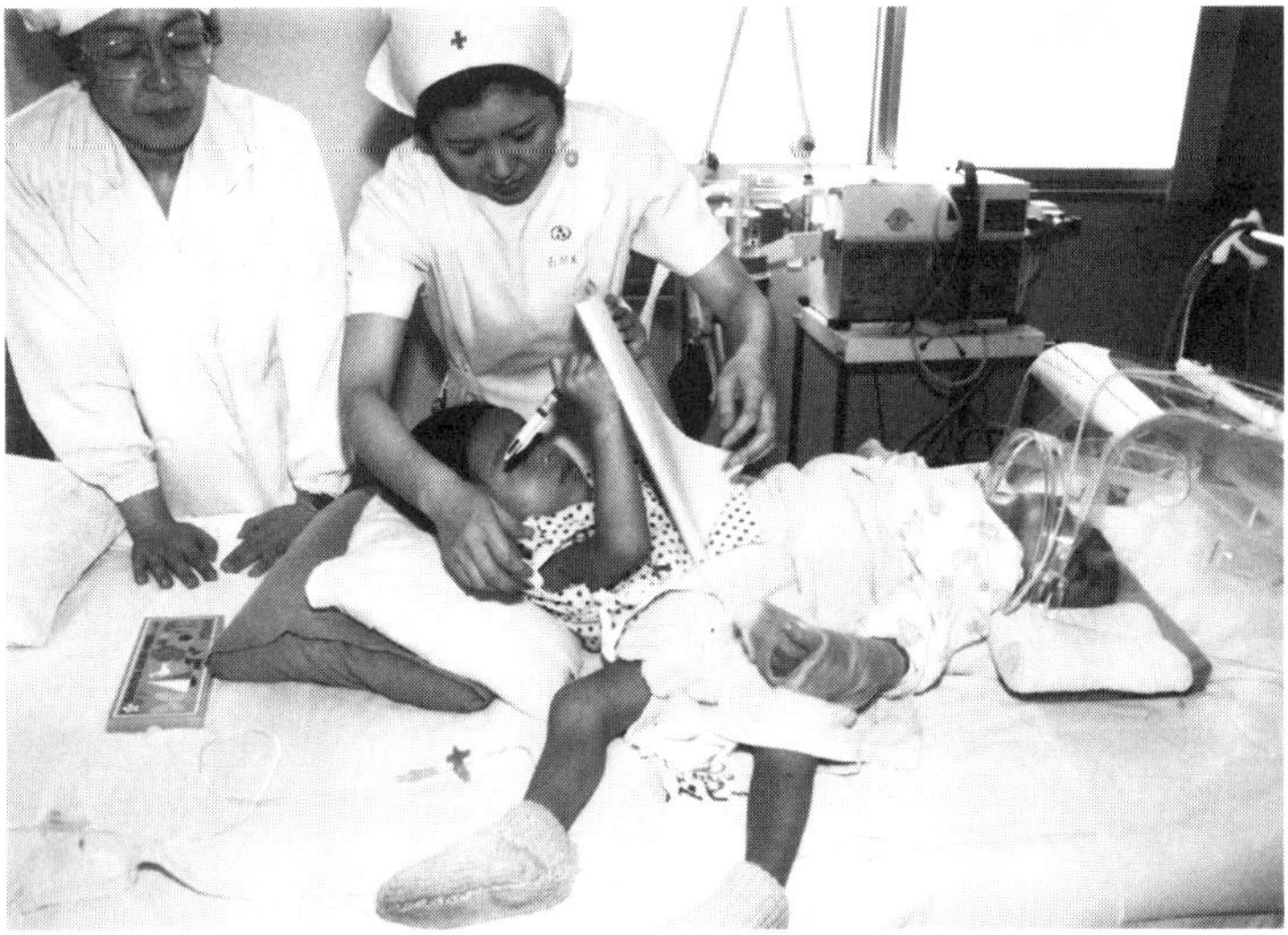

日本で治療と検査を受けるベトちゃんとドクちゃん。

ベト・ドクが日本で治療していた期間中、マスコミはベト・ドクのニュースを連日報道した。日赤病院には、数千通もの見舞いの手紙や激励の電話が寄せられた。ベト・ドクの部屋は、日本中の子どもたちから贈られた、色とりどりの千羽鶴で飾られていた。

東京では、支援集会、絵と写真の展示、チャリティ募金などが続けざまに開催された。これにより2万1千人から、60万円の寄付が集まった。

この寄付の中でひときわ感動を与えた一台の車椅子があった。設計したエンジニアの山口氏は足と手に障害があり、手で鉛筆を持つことができない。そのためベト・ドクに特製の車椅子を設計したときには、口を使って図面を引いた。この車椅子を二人はベトナムに持ち帰り、分離手術の日まで使っていた。この車椅子の価格は5万円だが、製作するためにどれほどの努力と苦労があっただろうか。

1986年10月29日、ベトの病状が安定したのでベトナムに戻ったが、その後もベトの脳は回復しなかった。日本で治療した4カ月と10日の間に、日本の人々から2千250万円の寄付を受けた。2往復した専用機の費用6千万円と、治療費3千300万円は日本赤十字社が負担した。日本の世論では、ベト・ドクを救済することには、反対する意見もあった。しかし、そういう考えは幼い患者の幸福を願う平和精神にかき消された。

手術実施の1カ月前、日本赤十字社は、手術に必要な最新の設備をベトナムに送った。その医療設備は、どれも高価なものだ。設備とともに派遣された日本人の専門家二人は装置を組み立て、使い方を指導した。それは、麻酔、呼吸、脈拍、血圧などの管理装置、心電図計、酸素飽和度計《ほうわどけい》、体温管理装置などだ。

主執刀医《しっとうい》のチャン・ドン・ア医師は、以前から夢見ていた小児手術の最新設備を目の前にして感慨深い様子だった。先端に24金加工をした電気メスを彼は手にとってみた。それは、最新の電気メスで、子どもの細い血管を切るときは自動的に出力が調節される。

呼吸管理装置は、呼吸を8系統で管理することができる。患者がより呼吸しやすいように自動的に調整し、呼吸の量と圧力の状態を画面表示する。そして異常を探知すると、電気信号システムと音声で知らせる。麻酔装置は、酸素の比率を記録できる最新式の笑気《しょうき》（亜酸化窒素）麻酔機だ。ベト・ドク手術の麻酔班長、ゴ・トン・リエン医師は言う。

「この手術のおかげで、私たちは世界最新の麻酔設備に初めて触れることができました」

日本の専門家が設備を組み立ててテスト段階に入ると、装置の異常警報が何度も発生した。組み立てに不備があるのか。それとも、何かの技術的問題なのか。何回もテストを重ねて、彼らは警報の原因を突き止めた。それは病院の電圧が不安定なために鳴っていた。各装置はどれも電子式の繊細な構造なので、電圧の変動に耐えられなかった。彼らは日本赤十字社に変圧安定器を8台送るよう依頼し、この要求はすぐに応じられた。

手術の2週間前、グエン・ティ・ゴック・フォン医師は、再度日本に派遣された。担当医の要求により、手術のために必要な設備の追加を依頼するためだ。その中には小児用の人工腎臓装置などが含まれていた。当時、日本では、もうすぐ実施される手術のニュースが毎日、報道されていた。東京の空港では、日本国内外の新聞記者がフォン医師の到着を待ち構えていて、空港で会見が開かれた。その日、日本では、ほとんどのテレビ局がベト・ドクについて報道した。フォン医師の在日中に在日ベトナム人団体などが、医薬品をフォン医師に託《たく》した。

日本で活躍するベトナム人ピアニスト、ドン・タイ・ソンの演奏とベト・ドクの手術に関する両国の協力は、どれほど多くの在日ベトナム人を勇気づけたことだろう。

雨が長く降り続いたある朝、フォン医師は車を降りて日本赤十字社のビルに入った。フォン医師には、雨の中でじっと傘を持って立っているやせた男性が見えた。一日の仕事が終わり、午後4時にビルを出るときも、その男性は朝と同じところに立っていた。多くの人々があわただしく行き来する東京で、フォン医師は一人の男性に特別な注目を寄せることはなかった。

翌日の朝、日本赤十字社の近衛氏は、びっしりと日本語の文字が書かれた紙をフォン医師に見せた。昨日、雨の中で立っていた男性は「ベトちゃんドクちゃんを救うためにベトナムを助けてください」と書いた看板を持っていた。彼は日本赤十字社の総裁に会いたいと頼んだ。近衛氏が応対すると、彼は床に正座して両手をついた。

「どうか、どうかベトちゃんドクちゃんを助けてください。あの子たちは戦争の被害者です。私は貧しく寄付する力もありません。また、ベトナムは遠くて訪ねることもできません。私はベトちゃんドクちゃんとベトナムについて詩を書きました。どうか、私の代わりに渡してください」

その詩集は、日本語なのでフォン医師には読めない。しかし、このとき彼女は国や民族の垣根を越えた人々の愛と共感は、何よりも尊いと感じていた。

第４章　実母が語るベトちゃんドクちゃん

これから紹介するのは、ベトちゃんドクちゃんを産んだお母さんの話だ。母親フエさんの出身地、クアンガイ省はベトナム戦争で南北に別れた両軍がせめぎ合う激戦地だった。その後、彼女が移り住んだコントム省はラオス国境近くにあり、２，０００m級の山々と深く険しい谷がある。そこは、北ベトナム軍の輸送路、いわゆるホーチミン・ルートが交差する重要な地点だったため、枯葉剤が重点的に散布された地域の一つだった。

１９８１年２月25日にヤライ・コントム省のサチャイ診療所でフエさんはベト・ドクを産んだ。そして、フエさんは、３日間だけ生まれた子どもと一緒に過ごした。彼女は結合双生児を産んだ時の気持ちを思い出して語る。

「私は気を失うほど泣きました。これは、母親として一番の苦しみです。私が何か悪いことをしたの？　何の因果で私の子どもは、こんな目にあわなければならないの？　何度も自分で自分に問いかけました。これから、この子どもはどうやって生きていけばいいの？　家族の生活は？　さまざまな疑問と不安で胸が張り裂けそうでした。いっそ、死んでしまったら楽になると考えました。でも、当時3歳だった長女を残して死ぬわけにはいきませんでした」

フエさんは、医師から障害児の養育は大きな病院に任せるべきだと説得され、夫のグエン・タンさんとともに委任状に署名した。しかし、子どもを手放す決心は、母親としてこの上なく辛い選択だった。

生後3日目の28日朝9時、別れる直前に彼女は二人の子どもと写真を撮った。彼女は出産直後であり、また精神的にも大きなショックを受けているので表まで見送ることは許されなかった。彼女は病室のベッドで遠ざかる車の音を聞いていた。

その後、フエさんに再び不幸が訪れた。その後また妊娠し出産したが、生まれた女児は出生直後に死んでしまった。そんな家族のぬくもりが何よりも必要な時、フエさんは冷酷《れいこく》な現実に直面した。

「当時は生活がとても苦しかった。そんな時に主人は他の女のところへ行ってしまいました。でも私は、寂しいとも悔しいとも思いませんでした。あの人は、面倒なことは何でも私に押し付けて自分では何もしなかった。だから、引き止めようとはしなかったんです」

その時から、彼女は幼い娘グエン・ティ・ホン・タイだけが唯一心の寄りどころとなった。当時は、集団で農作業をする合作社（ソビエト式集団農場）にすべての農民は所属していた。ところが合作社から配分される給料は少なく、彼女は集団作業以外でも働いた。子どもを育てるために、なりふりかまわず草刈りや肥やし運びなどの日雇《ひやと》い仕事をした。

遠く離れた中部高原でフエさんが必死に働きながらも貧困にあえいでいるとき、ベト・ドクの容態は悪化していた。彼女は、自分の子どもがホーチミン市のツーズー病院にいることを知らなかった。そして、その結合双生児に全世界の注目が集まり、彼らを救うためにベトナム医学界の総力が結集されることになるとは夢にも思わなかった。

ある日、サチャイ村の泥《どろ》道に、赤十字マークの車がやってきた。フエさんが何事かと見ていると、自分の家で止まったのだ。驚いて目を丸くしている彼女の前に、ツーズー病院の医師たちが降りてきた。医師は、ベトとドクという障害児の健康状態を説明した。そして、彼らに会うためホーチミン市に行こうと言う。これから、この車で連れて行ってくれるというのだ。最初は狐につままれているような気持ちだったが、彼女はそれが自分の子どもだと理解した。あの時、まだ名前も付けていなかった双子は今、〝ベト・ドク〟と呼ばれている。彼女は急いで支度をして娘と一緒にホーチミン市へ向かった。

母のフエさん（右端）、姉のグエン・ティ・ホン・タイ（左端）さんとともに写真におさまるベトちゃんとドクちゃん。

山深い寒村から大都会に来て、フエさんはとても心細かった。林立するビル。きれいに着飾った都会の人…見るものすべてに驚かされた。しかし、再会できる喜びで彼女の気持ちは浮き立っていた。会ったら何を話そうか。それよりも、まず抱きしめてあげたい。病院に到着し、役員とのあいさつもそこそこにベト・ドクの部屋に向かった。

部屋に入った彼女は、思わず立ちつくしてしまった。彼女の頭には、生まれたばかりのやせた小さな赤ん坊の記憶しかない。しかし、目の前にいるベト・ドクは、とてもかわいい男の子に成長していた。山深い村で生活していた彼女には想像できないような清潔な身なりで、ベッドの上からこちらを見ている。娘のタイさんも同じように亡然としていた。副院長のチュン医師が、「あなたのお母さんとお姉さんですよ」とドクに紹介したが、彼は目を見開き、じっと見つめるだけだった。そして、遠慮のない質問をした。

「どうして、そんなに肌が黒いの」

フエさんは言葉に詰まって返事ができなかった。それまでは、再会したらあれも話そう、これも話そうと考えてきたが、言葉にはならずに、ただただ涙が流れた。

ベトナムでは、家族関係を何よりも大切にする伝統がある。そのため、保母たちはドクの健全な精神発育を考え、「あなたたちには、サチャイというところにお父さんとお母さん、それにお姉さんもいるんですよ」と知らせていた。

ドクは心の中で、まだ見ぬ母と姉の姿を想像していた。夢は理想の母親像をつくり、空想は際限なくふくらんでいった。一日も早く家族に会いたいと考えるドクのため、病院は母と姉を引き合わせることにした。また、清潔好きなドクのために、病院は母と姉に新しい服を用意した。ドクの夢を壊したくないと考えた配慮だ。

しかし、服を着替えただけで長年の苦労をぬぐいさることはできなかった。ドクの目の前に現れたのは、山仕事で真っ黒に日焼けした田舎のおばさんだ。そして、母親の後ろにいる、やせた黒い少女が、姉のタイさんだと紹介された。そんなドクの心情に気が付き、フエさんは気まずい思いがした。親子でありながら、どうしてドクと彼女はそんなに違っているのか…。冷静になって部屋を見渡せば、すぐに理解できた。ベト・ドクには特別な介護が必要なので、室内には見たこともない医療設備が並んでいる。ベッドの周辺にある生活用品やおもちゃも、田舎では手に入らないものばかりだ。産後3日間は、子どもといっしょに過ごした。しかし、今、ベトとドクは自分とは違う世界にいるのだ、と感じた。

ベト・ドクは保母さんたちにかわいがってもらい、十分な療育を受けている。しかし、彼らは山仕事で実母の手が荒れていることを知らない。清潔な病室で24時間生活する子どもに、故郷サチャイ村の生活は想像もできないことだろう。サチャイは〝白砂老風〟と形容される不毛の地だ。母と姉は暑い陽照りでも冷たい雨の日でも、休むことなく働かなければならなかった。母と娘は、芋粥《いもがゆ》をすすりながら重労働の山仕事をしてきた。家で使う水も谷まで下りて汲んでこなければならない。彼女たちが真っ黒に日焼けするのは当然だ。フエさんはベト・ドクに故郷のことを教えてあげたいと考えていた。しかし、幼い彼らにすべてを理解させることはできないだろうと思った。

フエさんはクアンガイ省ソンミ村の出身だ。あの有名なソンミ村事件（注）を体験している。米兵が村に来たとき、フエさんは年とった父親の手を引いて山へ逃げた。彼女の家には6人の兄弟がいた。兄３人は死亡し、姉２人は結婚して故郷を去った。残った末っ子のフエさんは、父親の面倒をみて家の仕事をした。

戦争が終わってからサチャイ新経済地区で集団農業をする合作社運動が始まり、その第一陣として彼女は移住した。そこは米軍が枯葉剤を大量に散布した場所だったが、彼女は枯れ葉剤に含まれていたダイオキシンの害毒など、まったく知らなかった。サチャイは岩だらけのやせた土地だ。食べるものすら満足にない貧しい生活だが、彼女は懸命に働き、農業合作社での成績は一番だった。しかし、彼女が汗水たらして働いた土地は枯葉剤に汚染されていた。ベト・ドクのような結合双生児が発生する原因は、医学的に確定されていないという。しかし、化学物質による汚染が胎児に影響することは周知の事実だ。

フエさんが長女のタイさんを育てながら、ベト・ドクと会えるように、ツーズー病院は思い切った計らいをした。彼女を病院で雇ったのだ。母子はこれまでとはまったく違う世界に入り、驚くことばかりだった。部屋は鏡のように磨き上げられ、制服は真っ白で折り目もあざやかだ。医療機械が並び、医学用語が飛び交う緊張した雰囲気。まったく違う世界で、彼女がとまどうことも多かった。

「二人の食事、入浴、トイレ、検温…保母さんは介護のプロですから何でも上手にやってしまいます。私も手伝いたいのですが、足手まといになるだけでした」とフエさんは言う。

1996年、分離手術後8年が経過したベトちゃん（中央）、ドクちゃん（右）と実母のフエさん（左）。

それでも子どもと毎日会えるのは、うれしかった。しかし、毎日会っているうちに、二人の健康状態が思わしくないことを知って心配するようにもなった。

医療器具はもちろん、紙おむつなどベトとドクが毎日使うものは、知らないものばかりだった。そのため、最初は保母さんを呼ぶことしかできなかった。

フエさんは、息子との間に埋められない溝《みぞ》があると感じている。二人が生まれてから3日間しかそばにいられなかったことを彼女は悔《く》やんでいる。彼女が養育を一任する書類にサインしてから、二人は違う世界に行ってしまった。そのため、長女のように母乳で育てることができなかった。この苦悩は母になった人にしか分からない心の痛みだろう。

では、サチャイ村で二人を育てることはできただろうか。現実的には、不可能なことだ。彼女の生活は毎日の食事にも事欠くような毎日だ。山で働きながら重い障害を持つ子どもを育てることなどできはしない。そのため、親子は別離を余儀なくされた。そして、二人の成長を見ることもできなかったが、健康の悪化を知ることもなかった。

ベトナムが戦後の経済混乱にあえぐ時代に、ベトとドクは特別な介護を受けて育った。その後、結合双生児ベトちゃん・ドクちゃんの存在が世界中に知られた。兄のベトが植物状態になったことで、ドクの存在価値が再認識された。そして、彼はスポットライトのなかで育った。有名人に会うことも多い。日本へ何回も行き、英雄のように歓迎されたこともあった。当時のドクは、まだ幼すぎて現実と虚構を区別するだけの判断力がなかった。すっかり有名人になってしまった息子の影で、実母のフエさんは涙を流していた。彼女は、生まれながらに健康ではない自分の子どもを誰よりも心配していた。

彼女は、ツーズー病院に感謝しているという。二人の子どもにいつでも会えるように仕事と住まいを世話してくれた。小さいながらも病院内に母と娘が泊れる部屋をあてがってもらった。毎日二人の成長を見守ることができるのは、母親として一番の幸せだ。

２００６年にドクから結婚すると知らされたとき、あまりのうれしさに涙が止まらなかった。これまでに貯めた貯金をはたいて、お嫁さんに結婚記念を贈った。ドクの結婚式は、以前に彼女と子どもを捨てた夫のタンさんにも知らせた。彼は、一番苦しかった時に家族から逃げ出した父親だが、ドクの結婚式が素晴らしいものになるようにと願って呼んだ。

現在、ドクは独立して夫婦で暮らしている。そんな息子の個性と生活を尊重してやりたいと彼女は考えている。

「ドクは元々自立心の強い子です。独立して私とは一緒に暮らしていないのですが、息子と生活を分かち合う人がいますので安心しています。子どもが幸せな毎日を過ごすなら、母親はそれだけで満足です」

彼女は今の気持ちをおだやかな顔で話した。

ベトは長い間植物状態だったが、フエさんが世話するのを分かっている、と感じていた。2007年10月6日、ベトは永遠の旅に出てしまった。その時、彼の目ぶたは、なかなか閉じなかった。それは、母に甘えて目ぶたを閉じさせることをねだっているように思えた。

彼女がベトの顔に手を置いて目ぶたを閉じさせているときに、ベトの人生はドクが引き継ぐと感じた。フエさんにとってベトとドクは、彼女の体の一部だ。子どもが亡くなっても、母親の愛情は消えない。

現在、フエさんはツーズー病院平和村で働いている。障害を持つ子どもの世話をすることに彼女はよろこびを感じている。それにドクも同じ平和村で働いているので、毎日会うことができる。最近では生活も安定し、病院の近くに部屋を借りることができた。

「ここだけの話だけど、定年になるまで貯金をして、老後は小さなタバコ屋でもやろうかと思っているんです」

そうフエさんは、教えてくれた。

ツーズー病院は彼女たち親子にとって第二の我が家だ。ここでは、毎日ドクに会える。これまでフエさんは苦労を重ねてきた。そんな彼女にとって、今の平穏な生活は神様からいただいた、かけがえのない贈り物だと感じている。

（注）ソンミ村事件：１９６８年３月、中部地方クアンガイ省のソンミ村ミライ地区で発生した米軍による民間人虐殺《ぎゃくさつ》事件。武器を持っていない無抵抗な村民（男１４９人、女１８３人、子ども１７３人）が無差別に殺害された。

第５章　混乱の時代を乗り越えて

ベトちゃんドクちゃんを手術で分離するために、多くの医師が集められた。集まった主な医師は、ほとんどがベトナム戦時中、南ベトナム軍の軍医だった。戦争中、医師は軍部に動員されることがよくあった。また、戦争末期には国家総動員法によって、すべての医師が軍の所属になった。

１９７５年の南ベトナムの首都サイゴン陥落《かんらく》によって、彼ら軍医の立場は一変した。南ベトナムの軍関係者は、「再教育キャンプ」と呼ばれる収容施設に送られたのだ。そこは、銃を構えた兵士が警備する、刑務所のようなところだ。人里離れたジャングルの中で電気も水道もない生活を余儀なくされた。収容所生活が長くなるにつれ、心身を病む人も少なくなかったという。単なる兵士ならば、すぐに釈放されることもあったが、軍医は将校階級なので３年近く収容されることが多かった。

収容所から帰っても、大変な生活苦が待っていた。ベトナム戦争後の混乱期は、極端な物不足の時代だった。

「店で買い物をするには、まず、店員に賄賂《わいろ》を渡さないと売ってくれなかった」などという話も残っている。商品が少なければ価格は上がる。1975年の終戦直後から1988年くらいまでは、年率で数百パーセントのインフレが続いた。インフレがもっとも激しかったときには、年率1千パーセントにもなった。政府は統制価格を定めてインフレを止めようとした。けれども、統制価格とは別に、実際の価格は毎年上がっていった。そんな中、医師の給与は、物価の上昇に追いつかなかった。そのため、医師の家庭はどこも家計が火の車で、家財を売ったり内職をしたりして、生活していた。

ベト・ドク手術には経験豊かな医師が集められた。これは偶然に集まったわけではない。慎重に検討され、選びぬかれた優秀な医師でチームを編成した。集められた医師たちの多くは、南の出身だという理由で差別を受けた時期を経験している。

そのなかで、まず2号小児科病院のチャン・ドン・ア医師の名を挙げなければならない。彼は非常に複雑な手術、例えば心臓の手術や新生児手術でよく知られていた。また、チャン・タン・チャイ医師は、召集される3カ月前にソン・ファ結合双生児の分離手術を成功させた。ビンヤン病院のヴァン・タン医師は、切断された上肢を再結合した実績がある。外傷整形センターのヴォ・ヴァン・ターン医師は複雑な整形手術で定評がある。ヤーデン人民病院のゴ・トン・リエン医師は、多くの経験を積んでいる麻酔の第一人者だ。チャン・ヴァン・ビン医師は血液学のエキスパートで、１９７９年にベビーパウダーの薬害による数千人の子どもを救った。

手術に招集された医師たちにとって専門的な業績以上に、もっと重要なことがある。それは十数年にもわたる激動の時代、矛盾した現実に直面しても、それを乗り越え歩み続けたことだ。それぞれの人生には、多くのページがある。そして、そのページに書かれている苦しみは、彼らだけのものではない。その時代を経験した多くのベトナム国民の心にも鈍《にぶ》い痛みがくすぶり続けている。

＊

チャン・ドン・ア医師は、疲れきっていた。今日もベト・ドクの詳細な手術案を一日中討論してきた。ツーズー病院でベト・ドクの仕事を5時に終えると、急いでバイクに乗り2号小児科病院の手術室へ戻る。ここは十年来慣れ親しんだ古巣で、彼にとっては一種の避難場所だ。

毎日、緊張した討議を重ね、やせ細り白髪が増えた。世界的にも難しい手術を任されたチームのリーダーであり、主執刀医《しっとうい》としての責任もある。彼の中には、選ばれた誇りと現実の苦悩が葛藤《かっとう》していた。

彼は臨床医《りんしょうい》としての経験が豊富で、ホーチミン市保健局長のズオン・クアン・チュン医師など医療関係者から信頼されていた。彼のように無私の精神で子どもを愛し、仕事を愛していなければ、この任務は任されなかっただろう。

手術の10日前、彼の気持ちは、まだ混乱していた。ベト・ドクの身体的なことだけではなく、総合的な視野でとらえなければならない。また、彼の決断はチーム全体に影響する。

ドン・ア医師は医学情報や手術設備の不十分な中、難手術を成功させたことでよく知られている。正確な手術により４歳児の腹部手術を１時間半で完了させた。これは世界でも過去百年間に20例しか知られていない。それから１９８４年には、喉《のど》の先天性奇形を１回だけの手術で完治させた。この報告には世界の医学界が驚いた。これは世界で８例目であり、医療の進んだ国、オーストラリアでも完治までに最低２回の手術が必要だ。

ドン・ア医師は他にも複雑な症例に挑んでいる。１９８５年７月に月齢４カ月の乳児の心臓を手術した。世界で同じ手術例は11例しか成功していない。しかも、そのうち４例は人工心臓に頼っている。

彼にとって一番の報奨は不幸な幼い患者を救い出すことの充実感。また、彼を支えるのは客観的判断力と医師としての自尊心だ。

そんなドン・ア医師はベトナム戦争終結後、数々の悩みに耐え、挑戦を続けてきた。この10年余り、新しい社会に参加するための様々な苦悩や障害があり、自分の歩むべき道が信じられず、迷いを感じていた。戦時中、彼は南ベトナム軍の軍医少佐として従軍していたので、戦後２年間、強制収容所へ送られた経験がある。

彼は、サイゴンの貧しい家庭に生まれた。父親は、旧サイゴン郵便局に勤務する公務員で、貧乏子だくさんの家庭だった。生活が苦しく、進学を断念しそうになったこともあった。しかし、優秀な頭脳と強い意志で医学の道を選んだ。１９６７年に最優秀で卒業してから３年間アメリカに留学した。アメリカで先進国の社会や最先端医療設備に接し、彼は貧しくて何もかも不足している国、ベトナムに貢献しようと決心した。

１９７５年のサイゴン解放と同時に吹き荒れた嵐のような時期に、強制収容所に送られた。収容所から釈放された彼を待っていたのは、困難や不安だった。70年代後半、ホーチミン市の医療現場は混乱していた。彼は1号小児科病院の不本意な条件のなかで働くことを余儀なくされた。多くの友人が一人、また一人と去って行った。さらには医科大学の恩師まで去ってしまった。社会は混迷し、家族の生活は、ますます苦しくなっていく。同僚との関係も思わしくない。重い負担を背負い続けた彼は、ついに亡命を試みた。しかし、亡命は失敗した。この一件で、彼は高い代償を支払うことになった。これまでに築きあげた社会的信用は一夜にして消えてしまった。また、彼自身も自分を見失う結果になった。

同僚や上司の許しを請《こ》い病院に戻ったが、彼の心は不安に満ちていた。

「誰が私を信用してくれる？　私は誰を信用したらよいのか？」

転勤になった2号小児科病院で、彼は孤立していた。仕事中の摩擦は容赦《ようしゃ》なく彼の心を傷つける。

「誰も知らないようなところへ行ってしまいたい」と思った。

けれども、彼の目に見えるのは、子どもを病院に連れてきて途方にくれる親たちだった。彼の耳には助けを求める子どもの泣き声が聞こえていた。彼は苦しい現実を忘れ、医学生時代に誓った初心を取り戻した。

彼は全身全霊で仕事に取り組んだ。幼い命を慈しみ、懸命に研究をした。月日は流れたが、時間を忘れるほど仕事に没頭《ぼっとう》した。彼は本来の姿に戻り、患者を愛し、医師としての生活を愛するようになった。

この数年、ようやく彼は心の平安を取り戻した。妻の親族が保証人となりアメリカへの移民許可を受けたが、それを断った。何故なら、彼は医師としてのベトナムでの生活に真理を感じていたからだ。

彼は、ベト・ドク分離手術の責任を担い、治療方法を考え、冷静に優先事項を決める。起こりうるすべての状況を想定し、今までに世界で実施された6例の症例と対照してみる。70人の医師、専門家、看護婦が集まったチームの首脳としてドン・ア医師はすべての手順を決定しなければならない。これは、けっして容易なことではない。しかし、彼はそれを成し遂げた。6カ月前から懸命に研究した。会議の席以外にも彼は、たびたび彼の恩師ゴ・ザ・ヒ教授など、様々な専門家や医師と意見を交換した。

手術の数カ月前から、ドクと親しくなった。この幼い患者は、サッカーをしたり、学校に行ったりするような普通の生活を心から望んでいることが分かった。そして、彼は決心した。

「なんとしてでもドクを救おう。そして、ベトの命も」

もし、この手術が失敗したならば、この上ない苦しみを味わうことになるだろう。彼は手術前に語った。

「ベト・ドクの手術に、私の全身全霊をかたむけます。これは、無謀な挑戦かもしれません。しかし、最後には、人の愛が不幸な宿命に打ち勝つと、私は信じています」

＊

チャン・ドン・ア医師のように活動的な人物と違って、チャン・タン・チャイ医師は気難しい面持ちの人だ。彼の顔は、あたかも苦々しい秘密を持っているようにも見える。サイゴン陥《かん》落《らく》直前のことを、彼は包み隠さず話す。

「ダナンで9年間、産婦人科の医師をしていた。その職業経歴を捨てダナンが陥落する直前に、他の市民と同じ商船に乗ってサイゴンへ逃げてきた。その時、私は南ベトナム軍の軍医少佐だった」

他の知識人と同じで、チャイ医師は過去を隠そうとしない。

「私に隠し事はない。両親に育てられ医学校で学んだ。1965年にサイゴン政府軍に動員されて軍医少佐になった」

サイゴンに避難してからは仕事もなく、辛い日々だった。不安な気持ちでサイゴンに滞在しているとき、彼は国を離れ亡命することもできた。しかし、彼は、ベトナムに留まることを選択した。当時、亡命は簡単だと考えた。

「私は国から捨てられた。私を捨てた国が追いかけてくるはずがない」

1975年4月30日サイゴン陥落。彼は絶望のどん底にいた。そして最悪の状況が待っていた。強制収容所に送られたのだ。しかし、そこから戻ると1号小児科病院に勤務することができた。過去を忘れるため小児科に転職したのだ。最終的に、彼をこの病院に定着させたのは彼を頼る患者だった。これは良識ある医学人の特徴だが、彼も同じで仕事を愛していた。しかし、過去の履歴《りれき》（経歴）を変えることはできない。ある時、自分の子どもに聞かれて答えに困ったことがあった。

「お父さんは１９７５年の前、何の仕事をしていたの？　履歴書に書くから教えてよ」

ベトナムでは、自分の履歴書に親の経歴も書くことがある。戦後の混乱期は、親の経歴によって様々な社会的制約があった。

「私は軍隊で共産党軍と戦っていたが、銃をもっていたわけではない。私が握っていたのは聴診器だ」

医師として、数多くの病気を診てきたが、１９７９年のような、激しい〝熱病〟を目の当りにしたことはなかった。それは、病院の機能が消えていく「亡命」という伝染病だった。ある朝、仕事の引き継ぎをするため会議室に行ったところ、室内は閑散《かんさん》としていた。11人いた医師のうち４人しか残らず、他の７人は亡命してしまった。子どもの将来を考えれば、しかたがないことだ。チャイ医師自身にも〝発熱症状〟があった。彼にも子どもはいるし、子どものためを考えれば逃亡した方がよいのかもしれない。医師の誰もがそのことで悩んでいる。しかし、病院では、自分の子どもと同じような年頃の子が治療を求めている。子どもの泣き顔を見れば彼の心も痛む。医師としての良心で現実に戻り、患者の治療にまた専念した。仕事に専念しているときだけは、生活苦を忘れることができた。

「自分の子どもの将来も切実な問題だ。しかし、私の信念に間違いはない。そして、いつまでもこんな状態が続くはずがない」

彼は社会に蔓延《まんえん》し、彼の心を乱しているこの亡命という〝熱病〟が、1日でも早く治まることを期待した。

彼は〝毎日の生活の中にこそ真理は存在する〟と言う。不条理なことがまだ除かれていないときでも、チャイ医師は仕事を愛し、子どもを愛した。そして、それを証明するかのように小児科の手術で活発な活動をした。この10年間では、結合双生児の手術を何例も引き受けている。ベト・ドクほど難しい症例ではないが、分離手術は簡単ではない。1981年10月4日、1号小児科病院で、生まれて17日ばかりの双生児を手術で分離した。その兄弟は足が結合し、お尻の境目がなかった。腹部は一つで腸は混在していた。この手術はサイゴン解放後、初めてとなる分離手術だったが、成功した。

ベト・ドク分離手術の4カ月前にも、チャイ医師は胸が結合している双生児を4時間の手術で分離に成功した。

彼は業績が認められて、ベト・ドク手術では主要なメンバーの一人として参加することになった。彼は話す。

「ベト・ドクの手術について、話したいことは、たくさんあるのですが、安易に語るべきではありません。なぜなら、医学的な成功の認証は簡単ではありません。長期間にわたる手術後の経過証明が必要だからです」

＊

ベト・ドクの手術に参加した医師たちの中で、一番落ち着きはらった人物は、ゴ・トン・リエン医師だろう。彼は麻酔チームのリーダーであり、当時54歳だった。１９６０年サイゴン医科大学を卒業。この年、チャン・ドン・ア医師が入学したので、同じ大学の先輩にあたる。２年間アメリカに留学した後、デンマークで研修を受けてから１９７５年までコンホア病院の外科部長を務める軍医少佐だった。

この経歴のために、リエン医師は再教育のため強制収容所に送られた。収容所から戻ってからは、ヤーデン人民病院に配属された。収容所生活をする多くの人たちと違って、彼は収容所生活の２年間は長いと思わなかった。敬虔《けいけん》な仏教徒の彼は、「これは因果応報であり、運命なのだ」と考えた。

どんな戦争でも、いつかは終わり、勝つ者と負ける者がある。戦争で対立していた人たちの距離を一日で無くすことなどできない。

彼自身は収容所の管理人やスタッフたちに親しみを感じていた。

「収容所の刑務官たちは純粋なので、私は彼らに同情を感じました。収容所の2年間は、さまざまな人間関係がありました。もちろん、楽しいことではありません。しかし、自分がなすべきことは明確に理解していたので、悩むことはありませんでした」

医学の道を志し、勉強してきた。医師となり、自分の業績が社会で認められるようになった。自分は正しい選択をしたと思った。１９７５年に民族解放の混乱のなか、亡命するかどうかで悩んだ。出国のチャンスはあったが、この国に留まることを選んだ。兄は反政府運動に身を投じて家を出てしまった。そのため、自分が高齢の母親を世話しなければならない。また、貧困に苦しむ人々を見れば、心が痛む。自分だけが逃亡してよいものだろうか、と思った。

ある時、友人からこんなことを言われた。

「君のような才能豊かな人は、外国に行ったら金持ちになれるだろう」

彼は平然と答えた。

「医者の仕事は、私の天職なんだよ。私と縁があるのは、お金ではなく患者なんだ。もちろん、お金があれば生活は楽になるだろうね。でも、高価なものは、私に似合わないだろ」

リエン医師は、医学界に入って以来、修道士のような奉仕精神で積極的に社会問題にも取り組んでいる。しかし、この数年間、臨床麻酔医としての仕事をしていないことを残念だと思っていた。大学で麻酔科の講義を数時間し、時々難解な手術を依頼された。その当時、彼は後輩が育っていないことを心配していた。現在の医学界はすべてが足りない状態だ。手術では麻酔が欠かせないが、その技術レベルは低下している。

そんな思いもあり、ベト・ドクの手術に参加を依頼されてからリエン医師は、とても熱心に取り組んだ。彼は経験豊かなベテランだが、最新の医学書を取り寄せて熟考に熟考を重ねた。この手術は世界的にも例がない特別な手術なので、どんなに小さな油断も許されない。この数年、表に出なかった潜在的能力が再び浮かび上がったのだ。自分は医学にもっと貢献できると感じた。これは医師としての幸福であり、良心、責任、そして知識人としての自負でもある。この数年間は成果のない時期だったが、今は違う。この歴史的な手術の準備をする日々、彼の心は奮《ふる》い立った。良心ある知識人にとって、一番の幸せは才能で社会に貢献すること。そして、一番の悲しみは才能を使わないことだ。

＊

ヴォ・ヴァン・ターン医師がフランスへ研修に行く前のある夜、妻と一緒に友人の家を訪ねて別れのあいさつをした。最低でも1年間は家族と離れると思ったら、いたたまれない寂《さび》しさを感じた。

彼は、感受性豊かな人。いつも謙虚で他人への思いやりを忘れない人だ。また、菜食主義者でもある。どうして菜食主義者なのかは、彼と親しくなれば理由が納得できる。

別れのあいさつをした夜、結婚15周年を記念して即興《そっきょう》で作った詩を妻にささげた。

人生をともに歩み15年がすぎた
君には、辛い思いをさせた
悩み、ひとり語りをしたこともあったことだろう
それでも僕を、愛してくれるかい

僕のこころは決まっている
この地こそ我が故郷
そこがどんなに辛く困難なところだとしても

木蓮《もくれん》の花の香ただよう穏やかな夕べ
この国を愛し
僕とともに君がいる

多くの知識人が国外に去っていく中、彼は国に留まることを選んだ。なぜなら、彼は若いときから故郷をなによりも愛していた。

ベト・ドクの手術では、テレビカメラが骨を分離するターン医師の大胆な動作を映し出した。彼はメガネの奥からベト・ドクの最後の結合部分を慎重に見すえていた。次に、体をかがめて背骨にノミを当て、強くハンマーで打ち付けた。それはまるで木を彫刻しているような仕草だった。

彼は、難解な手術もこなす有能な整形外科医として有名だった。彼の父親は本当に大工で、ノミとハンマーではまるで大工仕事のようだ。しかし、これは医科大学で学んだ医療技術だ。このことについては、数人しか知らないことだが、この手術では特別なノミが使用された。手術前の検討で、７歳をすぎたベト・ドクの骨格は結合組織が硬いことが推定された。しかし、大人用では大きすぎる。そのため、タン医師が考案した特注のノミを使用した。

他の医師らと同じように彼も戦後の混乱を経験している。１９７４年、終戦の１年前に医科大学を卒業したが、家にはすでに3人の子どもがいた。子どもの養育と新しい社会環境への対応で彼は悩んでいた。また、このことは同僚の医師も同じで皆が心配していた。

1978〜1979年、全国で食料危機が発生し、生活のすべてが苦しくなった。物価は上がるが、給料は上がらない。社会が変わり、南ベトナム時代の価値観が崩壊した。この時期は、医療技術の価値が認められていなかった。盲腸の手術は、自転車のパンク修理代より安かった。どの病院でも亡命した医師の名は長々とリストに連なり、混乱の波紋《はもん》は急速に広がった。彼もその愚かな渦《うず》の中にいた。何度も亡命することを真剣に考えた。なぜなら、3人の子どもはそろそろ学校に行く年齢なのに、親である自分には経済的な見通しがない。経済的なプレッシャーで彼は疲れきっていた。しかし、彼は国に残った。家財道具は、ほとんど売ってしまった。

あるとき、食べ物を買うため、最後に残った貴重な医学書を売りに出した。しかし、あまりに安値だったので売らなかった。家の中を見渡しても他に売るものがない。しかたなく古新聞同様の値で売った。お金をもらったが涙が出た。

あるときは、1日分の食費を握ったまま考えた。

「空腹をしのぐため蒸かし芋を食べようか。それとも手術前の眠気覚ましにコーヒーを飲むか」

まるで医者をからかったような、残酷な笑い話だ。彼は貧しさのため、結婚指輪を売って米を買ったこともあった。彼の妻は涙を浮かべながら、その米を炊いた。

そんな苦労をしながらも亡命を考えなかったのだろうか。もちろん考えた。けれども想像しただけで、実行しなかった。なぜなら、彼は、かけがえのない家族を愛するように、故郷を愛していた。彼はカンボジア国境に近い小さな村で生まれた。父親は大工で、兄弟たちは農業をしていた。家族のなかで、彼だけが違う道を歩んだ。高校卒業後、彼はサイゴンで勉強を続けた。村の人々は村から医師を出すため、お金や米を彼に贈ってくれた。けっして豊かではない村人たちが、どんな思いで彼を援助してくれたのか。その気持ちを彼は痛いほど感じていた。そんな深い愛情に支えられ、彼は懸命に勉強し、医師になった。

ふるさとは誰にでもひとつある
誰にでも母親が一人いるように
ふるさとのことをわすれたなら
人としての成り立ちはなくなる

＊

本名は〝ヴァン・タン（「文」の意）〟だが、〝ヴォ・タン（「武」の意）〟という愛称で彼を呼ぶ人もいる。率直なことで有名な医師。チームが集まり、ベト・ドクの手術案を討論しているとき、彼が一番激しい論客だった。

当時は51歳、ビンヤン病院の副院長だった。サイゴン解放以前は、他の医師と同じで医科大学を卒業後、留学し、最終的に旧政府の軍医になった。解放の3年前に軍医を辞めていたが、書類上では派遣軍司令官として在職していることになっていた。そのため再教育キャンプに送られた。しかし、他の収容者より彼は運がよかった。4カ月後に収容所を出て普通の生活に戻り、医師として働くことができた。

彼には医師以外に、もう一つの仕事がある。農業をしているのだ。これは例え話ではなく、毎日8時間の病院勤務以外は本当の農民だった。

「農業の仕事だけでは生活できないが、それは自分の訓練であり、子どもを教育する方法だ。私は農業の仕事をして、ココナッツやサトウキビを栽培し、豚を飼った。荒地を10年耕し、ようやく畑が安定した。その直後、政府に没収された。私が現地に戸籍を持っていないというのが理由だった。親子が10年間、汗水たらして開墾した土地が、わずかな保証金で没収された」

とヴァン・タン医師は苦い顔で語った。

彼が激論の牙《きば》を向けるのは非合理、非科学、非人間的なやり方だ。

「社会に不公平なことが存在したら、様々な面で発達は期待できない」と言うのが彼の持論だ。

個性が強く、どんな相手、どんな場面でも、率直に意見を言う。そのため彼を煙たがる人も多く、本当に親しい友達しか彼の気持ちを理解していない。また、ヴァン・タン医師は他人の評価を一切気にしない。

「世間の話は私に関係がない。私には独立した考えがあり、自分の進むべき道は自分で決める」

ヴァン・タン医師は社会の不正について不満をあらわにする。彼の自負は負けないことだ。

「誠実な人はどんな社会に住んでも、その社会の発達を望み、世界に肩を並べたいと思うはずだ。私が善かれと考えても、多くの人が妨害し改善できないことが多い。いくら私が頑張っても、私は足を引っ張られる。その引っ張る力は権力、権限をもっている。病院のために設備拡充を陳情しても結局は認められない。私には理解できない。私は、空腹でも我慢できる。しかし、不平等は我慢ならない」

いつでもどこでも、彼は信念を曲げることはない。彼は頑固なまでに戦い続ける。自分の良心に従いそれを貫き通す。あの時代、他の知識人と同様、彼には才能に恵まれながらも活躍の機会が少なかった。そして、時間の経過と共に自分の能力が劣っているのではないかと心配した。

矛盾だらけの社会に何度もたたかれながらも、ヴァン・タン医師の心は熱い。そして人への愛情にあふれている。彼は本当に才能豊かな医師であり、多くの難しい手術を成功させてきた。例えば、完全に切断された手の復元手術など枚挙にいとまがない。しかし、自分自身は多くを望むことなく、わずかな給料で質素な生活をしてきた。

生活は貧しかったが、ヴァン・タンの情熱は消えることがなかった。親切で寛大な愛情以外に、彼の心には何にもない。実直な性格で彼は自分の仕事を自分なりに評価し、更なる課題を自分に課して将来の目標とする。近頃では、ほとんどいないような厳格な人物であり、彼の生き方は、人として尊敬に値する。

*

ベト・ドク手術の成功について外科医だけを語るのでは片手落ちだろう。他にも有能な人材が数多く参加し、精力的に活動したため、この手術は成功した。

血液学の権威チャン・ヴァン・ビン医師も、そのうちのひとりだ。彼は1967年にサイゴン医科大学を卒業した軍医大尉だった。終戦前の3年間は大学で教鞭《きょうべん》をとっていたが、国家総動員法により軍部所属となり、他の医師と同じように戦後は再教育キャンプに送られた。

「同じような収容者の中で、自分は一番弱かった」と彼はうつむきがちに語った。

収容所での過酷な日々が彼を心底落胆させたのだ。強制収容所で彼の気持ちは激しく揺れた。そして「自分のような者は人の役に立たない」と考えるようになった。

その考えは、当時どの収容所経験者でもかかる流行病だったが、ビン医師は他の人より重症だった。魂《たましい》が抜けたような毎日だった。故郷に住んでいるのに孤独を感じた。そして、手段を選ばず亡命する決心をしていた。

彼は素朴な疑問を持っていた。

「30年間続いた戦争で国は荒廃《こうはい》している。自分達のような知識人は、国の再建のため必要不可欠だ。それなのに、なぜ3年間も再教育されなければならなかったのか?」

釈放されてから、以前に務めた輸血院に戻ったが、そこで彼はさらに落胆することになる。輸血院は彼が戻った直後に解散されてしまったのだ。

「なにも知らない上層部は、血液学は重要ではないと考えて、病院の内科に統合してしまった。血液検査など誰でもできるというのか」と、肩を落とした。

社会状況はさらに悪化し、失望が彼の心に重くのしかかる。友人は順番に亡命してしまい、彼への陰口だけが残る。

「彼は自分を見失っている。こんな国にしがみ付いているのは愚か者だ」

しかし、敗戦した南軍の将校だった経歴を消すことはできない。彼は実際に体験した数々の出来事により、ベトナムは良識ある人がいるべき場所ではないと確信していた。

彼が情勢に負けて落胆していた1981年7月に、痛ましい事件が発生した。この数カ月間に数百人の子どもが原因不明の脳出血で死んでいった。ベトナムの人々、特に子を持つ親たちは恐怖におののいた。

彼の内側で、半分眠っていた医師としての良心が激しく呼び起こされた。専門家の彼は、これがどんなに恐ろしいことなのかを理解していた。何が原因なのか、大災害になる前に究明しなければならない。彼は各病院にある設備で懸命にその原因を探った。そして、ついにその一因を見つけ出した。患者の血液にビタミンKが過剰《かじょう》にあった。このビタミンが脳出血を引き起こし、死亡する原因だと推定した。

その時、友人の忠告に彼の心は揺らいだ。

「こんな大事には関わらない方がいい。因果関係が証明できないと、もう一度収容所送りだぞ！」

〝収容所〟という言葉を聞いて、彼の心と体は凍りついた。けれども、医師として現実から逃げるわけにはいかない。

彼は白衣を脱ぎ、亡命することばかり考えていたが、その考えは捨てた。1号小児科病院では、毎日、数十人の子どもが、彼の目の前で死んでいった。

もはや表情は無く、目は開いたまま乾き、泣き声すらあげない子ども。絶望する母親。呼んでも答えない子どもの名を何度も呼び続ける父親。

連日の研究で彼は疲れはてていた。死を目前にしている子どもの病室に行き、最後の採血を看護婦に命じた。検査室に戻り、病室にいた子どもの顔を思い出す。何の罪もないのに早すぎる死を迎えなければならない命。彼は採血した試験管を見ながら、

「この子の死は、けっして無駄にしない」と誓った。自分は、どうなってもかまわない。子どもたちの命を必ず守ってみせる。

彼の勇気は３週間後に報いられた。国内外の専門家と共に原因を見つけたのだ。出血の原因は使用しているベビーパウダーにワルファリン（凝《ぎょう》固《こ》抑制《よくせい》剤）が含まれていたためだ。

彼は泣いた。死んだ子どもとの約束を守ることができた。死んだ子どもの血は他の子どもを助けたのだ。彼は泣きながら、決心した。

「絶対に医学と祖国を裏切らない」

その時から、進むべき人生の道に迷いは無くなった。血液学に一生をかけると決めたのだ。

ビン医師は亡命のことや、経歴を心配することはなくなった。彼は新しく建設する社会における医師の役割、そして人々の幸福だけを考えている。

科学は知識と設備が結びついて高い効果を発揮する。けれども、当時のベトナムは設備が不足し、医師は多くの課題に対して挑戦する必要があった。このハードルを超えるには科学と人道へ貢献する覚悟が必要だ。ビン医師にはその覚悟があった。

「私は、まだまだ勉強しなければならない」と、彼は謙遜する。

彼は、現実に見聞きする社会の矛盾、職業上の不愉快なこと、世間の噂《うわさ》などを気にせず研究に没頭している。そんな彼だが、責任ある難しい任務があれば一直線に走り出す。例えば、ベト・ドク手術は、彼にとって責任ある任務である以外に、科学への挑戦でもあった。

＊

ベト・ドク手術に参加した70名は、それぞれが自分の役割を果たし全体の成功に貢献した。執刀医以外にも参考意見を求めた数多くの教授、医師も重要な役割を果たした。時代の波に翻《ほん》弄《ろう》された経験をもつ医師たちのなかで、ここでは主要な人物についてだけ書いた。

ベテランの医師以外に手術に参加した若い医師たちもいる。あれから20年以上の月日が流れ、彼らも経験を積み大きく成長している。彼らはサイゴン解放後に大学を卒業した若い医師だが、世界的な手術に参加した誇《ほこ》りを胸に、医療活動を続けてきた。いずれ、彼らの新たな活躍についても語る機会がくると確信している。

第６章　ベト・ドク手術で学んだチームワーク

ヤーデン人民病院麻酔科部長　グエン・ティ・タン

手術にたずさわった多くの医師の中から、執刀医《しっとうい》ではなく、助手として参加した若い医師の手記を紹介する。彼女は、ベトナム戦争が終わってから医科大学を卒業した戦後世代のお医者さんで、当時は30歳だった。

ベトナム戦争中は、アメリカが南ベトナムを援助していたが、終戦とともに援助は止まった。戦後はソ連が援助していたが、自国の経済問題で援助額は年々減っていった。そのため、１９８０年代は援助の空白期だった。その後、日本が１９９２年に援助を再開してから、ドイツやフランスなどの援助もはじまった。彼女が医師になったのは外国からの援助を期待できない、なにもかも不足している時代だった。

ツーズー病院の手術室にベト・ドクを迎えてから20年の歳月が経ちました。2年前、ドク君とツィンさんの結婚式で歌われた「良縁は千里を越え…」という歌詞が、今でも私の耳に残っています。結婚式でドクは、若くてきれいな花嫁さんと肩を寄せ合い、とても幸せそうでした。20年前、手術台に横たわっていた小さな少年が、こんなにも大きく成長したかと思うと目頭が熱くなりました。

早朝から15時間もかかった手術の直後。手術台で私が呼ぶ声を聞いて、ドクは麻酔から覚めました。そして、一粒の涙を流しました。私は緊張しながらも、ドクが目覚めた証《あかし》の涙をそっとぬぐいました。あれから20年が経ちましたが、そのときの光景は昨日のことのように憶えています。

手術の準備期間中、私たちは準備と演習のため何度もツーズー病院に集まりました。演習日になると、私が勤務していた2号小児科病院の院長は、車で私たちをツーズー病院まで送ってくれました。演習では、ベト・ドクと同じ大きさの人形を使ってシミュレーションをします。その人形はチャン・ドン・ア医師が奥様に作らせた手作りのぬいぐるみでした。毎回、手術室で演習をするとき、麻酔班でドク担当の私と、ベト担当のクイ医師はそれぞれの定位置に立って、人形で手順の確認をします。麻酔班長のゴ・トン・リエン教授は、手術台に置いた人形を

▲分離手術時30歳だったグエン・ティ・タン医師。

現在のツーズー病院。▶

前にして、腕組みをし、「気管挿入《そうにゅう》を同時にするか、それとも順番にするか」と真剣に検討していました。

演習の合間に、私たちはドクたちの病室を訪ねることもありました。その頃のドクはサッカーに夢中で、ベッドに寝たままゴールキーパーのまねをしていました。そして、ときどき意識のない兄のベトに話しかけていました。

この手術では、ホーチミン市の主だった病院の医師が結集して医師団を組織していました。私たち麻酔班だけでも、ビンヤン病院やツーズー病院、1号と2号の小児科病院などの異なった病院の医師が集合していたのです。演習は何度もくり返して行なわれましたが、それは私にとって初めて、チームワークということを意識した体験でした。

手術に参加した当時、私は30歳でした。医学部を卒業してから5年間、2号小児科病院に務めていました。私が麻酔科の新米医師だったその頃は、なにもかも不足している、とても困難な中で仕事をしていました。

当時、主な麻酔薬は引火性の強いエーテル（エチルエーテル。爆発性があるため、電気メスと併用ができず、現在日本では使用されていない吸入麻酔薬）しかありませんでした。手術で電気メスを使うときは、水に濡《ぬ》らしたタオルでエーテルの容器を包みます。私たちは患者の容態だけではなく、火事の心配もしながら手術をしていました。また、痛み止めに使う薬品は、モルヒネなどしかありませんでした。注射針は鉄製の針を何回でも蒸気消毒して使います。針は使っているうちに針先が鈍くなってきます。そうなったら、砥石《といし》で研いで、また使います。

手術中は患者の心音をモニターしますが、心電計はありません。患者の胸に聴診器《ちょうしんき》を絆創膏《ばんそうこう》で貼り付けて手術が終わるまで、ずっと耳で聞いているのです。それと同時に手首に指を当てて脈を確認します。長い時間、聴診器を耳に入れていると耳が赤く腫《は》れてしまいます。私は仕事が終わって家に帰っても耳が痛かったことを憶えています。

血圧を測るのも機械ではなく手で測ります。手術中は5分あるいは10分間隔で血圧を測るのです。血圧計の腕帯《わんたい》は、何度も使っていると穴が開いて空気がもれてしまいます。もちろん交換部品はありません。そうなったら、自転車のパンクを修理する糊《のり》で穴をふさいで使います。手術中の呼吸管理は人工呼吸器を使いますが、私たちの病院にはありませんでした。患者の口に応急処置用の手動呼吸器を付け、空気袋を握ったり放したりして呼吸させます。例え手術が何時間続いても患者の呼吸を止めるわけにはいかないので、ずっと空気袋を握っています。

当時は、そんな毎日だったので、日本から最新の機材と専門家の荒木医師が来ると聞いた時には興奮しました。私たち麻酔班の誰もが飛び上がるほど喜んでいました。

そして、いよいよ待ちに待った麻酔装置がやってきました。2台の麻酔装置がツーズー病院に届けられたのです。しかし、初めて見る最新式の麻酔装置を前にして、私たちは途方《とほう》にくれました。コンピューター制御の自動装置など誰も使ったことがなかったのです。それからが私たちの挑戦でした。麻酔班の中からリエン教授とフン医師そしてティン医師が、この装置の操作方法を1カ月かかってマスターしました。副主任が、班の中で一番英語が得意なヴイ医師に命じて、操作マニュアルをベトナム語に翻訳させました。そしてベトナム語のマニュアルを使って全員が勉強しました。ひと通り操作方法の勉強が終わったところで、先輩の医師が私たち若手に聞きました。

「この麻酔装置が使えるか?」

私たちは皆うつむいて、静かに首を横に振りました。使ったこともない初めての装置に、大切な患者の命を託《たく》すことが不安だったのです。そして、小さな声で提案しました。

「機械を使うのは止めてください。私たちが交代しながら空気袋を握ります」

提案は即座に却下《きゃっか》されました。でも、私たち麻酔助手は、空気袋を使うやり方しか経験がなかったのです。そのため、6人が順番に空気袋を握ろうと話していたのです。

麻酔装置に続いて最新の薬品が届けられました。届いた薬品の箱を受け取った時から、私たちの新たな挑戦が始まりました。薬の名称はラベルに書いてありますが、日本語なので誰も読めないのです。荒木医師は日本であらかじめ薬品名を英語に訳していました。麻酔薬の具体的な説明は英語で行なわれたのですが、私には、彼の英語がわかりませんでした。また、私が英語で話しても、彼には通じません。私は学生時代に英語を勉強しましたが、考えてみれば外国人と話をしたことが一度もありませんでした。試行錯誤《しこうさくご》をくり返すうちに私たちは筆談という方法にたどり着きました。私に言いたいことがあれば彼は紙に書き、私も紙に書いて返事をしました。

手術当日、ドク側を担当するのはテュアン医師らと私でした。ベト側はチュン医師やクイ医師らが担当することになりました。

そして、手術の日がやって来ました。夜明け前に自転車で、ツーズー病院に行きました。病院では大きな鍋《なべ》を用意してフォー（米麺）を作ろうとしていました。温かい朝食を手術チームに食べてもらおうというのです。私たちもフォーができるのを待っていましたが、なかなか鍋は煮え立ちません。そうこうしているうちに準備を開始する時間になってしまいました。麻酔班は他の班よりも先に準備しなければならないので、私たちは、もらったゆで卵を食べながら手術室に向かいました。

これまでに3カ月間演習を繰り返してきた成果で、手術は順調に進みました。私たち麻酔班もチームワークを発揮して順調に手術を進めていきました。そして、ドン・ア医師が最後の縫《ほう》合《ごう》を終えたのを確認して、私がドクの麻酔装置を止めました。麻酔を止めればドクは目覚めるはずです。手術室にいた全員とともに、私もドクが目を覚ますのを、ドキドキしながら待っていました。

「ドクちゃん。起きてちょうだい。手術は終わったのよ」と、私は呼びかけました。すると、どうでしょう。ドクは薄く目を開き、一粒の涙をこぼしたのです。これで一番困難な段階が終わったと感じました。ドクの意識が戻ったことで、手術室はあふれんばかりの喜びに包まれていました。

手術後の1カ月間、私とクイ医師は交代しながら24時間ベトとドクのベッドを観察しました。そして毎日2回、朝と夜8時には、診断会議に参加します。会議では、先輩の医師たちが二人の診断と治療、それから毎日の変化について話し合います。この会議で、先輩たちの見識や意見を聞くことは、私にとって、とても貴重な体験でした。

20年前、ベト・ドク手術で得たチームワークという考え方は、今では私の信条です。大きなことを成し遂げるためには、全員が同じ目的を持ち、成すべきことを各自が責任を持って果たすことだと、私は確信しています。

第7章　温かい人情

１９７５年にベトナム戦争が終わっても暗い時代は続いた。カンボジアへの出兵。中国との国境紛争。西側諸国による経済封鎖。極度の物不足と物価高。

そんななかで、ベト・ドクが分離手術を受ける、というニュースは、唯一の明るい話題だったかもしれない。ベトナム人のだれもが心からよろこんだ。

ベトナムでは、サッカーの国際試合に勝っただけで、死人が出るほどの大騒ぎになる。ベトナム人は、感情を内に秘めることなく、すべて表現する。手術が行われた当時の熱狂ぶりを紹介したい。

ベト・ドクが分離手術を受けるというニュースが報道されると、その日のうちに、多くの人々から寄付が寄せられた。当時のベトナム国民は日々の食事さえ満足ではなかったが、彼ら二人に深い同情を寄せたのだ。手術の具体的計画が発表されると誰もが医師団を応援し、ホーチミン市の新聞社やテレビ局に全国から激励の手紙や電報が殺到《さっとう》した。

手術日の数日前、ホーチミン市大教会で神父はミサに集まった人たちに話した。

「数日後、神に代わり医師団は二人の幼子《おさなご》を不幸な宿命から救い出します。この手術が成功するように皆で祈りましょう」

多くの仏教寺院でも、成功祈願の祈祷《きとう》が行なわれた。誰もが一心に手を合わせ、ベト・ドクの手術が成功するように心から願っていた。宗教や南北の出身が違っても命の尊《とうと》さは同じだ。これは誰でも知っているけれど、実現するのはむずかしい。しかし、ベト・ドクを心配する気持ちは、すべての人が同じだった。

手術は奇跡的に成功した。多くのマスコミが手術の話題を連日報道したが、特に手術後のドクが麻酔から目覚めるシーンに多くの人は感動した。その時、ドクが流した一粒の涙に多くの人が安堵《あんど》の気持ちを持ったのだ。当時のホーチミン市では、ベト・ドクの話で持ちきりだった。朝は新聞を読み、夜はテレビを見る。自転車、バイク、トラック、バス、人力車など様々な交通手段で多くの人がツーズー病院にベト・ドクを見舞いに来た。ホーチミン市だけではなく北から南まで、ベトナム全土から大勢の人が病院を訪れた。ツーズー病院の受付は、こんなにも大きな反響を呼ぶとは考えていなかったので、大混乱だった。このことを受けて副病院長のタ・ティ・チュン医師はテレビでお礼の会見をした。

ある人力車の車夫が病院の受付に1キロ詰めの砂糖を持ってやってきた。どうやら砂糖水を飲んで疲れをいやしてほしいと言う意味らしい。彼は継ぎはぎだらけのズボンをはき、そでが擦《す》り切れたシャツを着ていた。これを見つけた記者がカメラを向けると、

「みっともない格好だから撮らないでくれよ」と、はにかんでいた。

「その砂糖を買うのに、どれくらい働いたんだい」

記者が聞いたが、彼は笑いながら首を振るだけで名前も言わなかった。

中部地方から白髪の老婆二人連れが大きなオレンジのカゴを抱えてやってきた。老婆は以前に、この病院で働いていたという。手術の報道を知り、どうしても医師団に差し入れを贈りたいと考え、５００キロの道のりをやってきた。

南部からやってきたお年寄りは、粉ミルクを2缶持ってきた。

「私は年寄りなので、テレビを見てもよく分からなくてここまで来ました。ちょっとだけ、お医者さんに会って話を聞きたいんです。帰ったら村の老人たちに教えたいのです」と老人は病院の受付で話していた。

焼き物の里として有名なソンベ村に住む小学校の教員が、チャン・ドン・ア医師に手紙を書

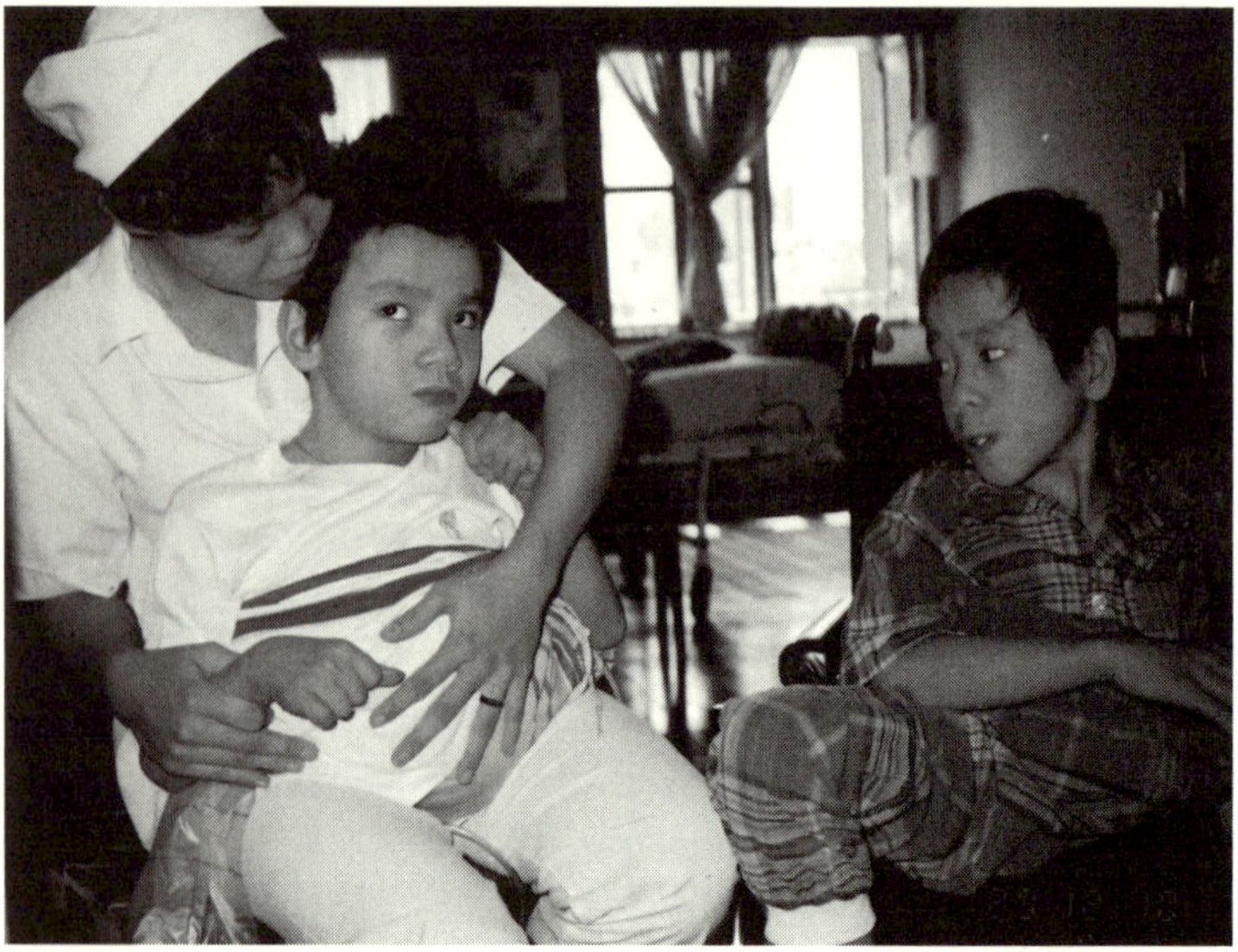

介護士に抱かれたベトちゃんとドクちゃん。

いた。

私たちの村は貧しく、生徒たちは物質的にも、精神的にも豊かではありません。生徒たちは小さな村で育ち、都会を見たことがありません。もしホーチミン市に来たら、街の風景や車にさぞや驚くことでしょう。

教壇に立って、生徒たちを見渡すと、全員が継《つ》ぎを当てた服を着ています。髪はすすけて、疲れた目をしています。授業では、「我が祖国、金森銀海の富国也」という故事を教えます。しかし、金の森は、どこにあるのでしょうか。生活に疲れた彼らの顔を見ると、胸が詰まる思いでした。彼らは毎日泥にまみれて働き、その日の生活に追われています。そのため、子どもらしい夢や希望を語る余裕はありませんでした。

けれども、ベト・ドクの手術を知って、生徒たちは希望を取り戻しました。彼らは、ひとつの新聞を争うようにして読み、声高に話し合います。皆で取り合いするうちに、その新聞は破れてしまいましたが、ちぎれた新聞を、また貼り合わせて何度も読んでいます。(中略)ベト・ドクの手術を成功させた医師団に心から感謝いたします。本当に本当にありがとうございました。こうして手紙を書いていても涙が止まりません…。

ベトナム最南部に広がる大湿地帯、メコンデルタの各地では、土曜日の夜に放送される民謡劇のテレビ番組が大変な人気だった。そのため、土曜の夜は遠く離れた村から小舟をこいで町までテレビを見に来る人がいた。ニュースでベト・ドクの手術を知ると、人々の注目はこの一点に集中した。毎日、午後４時頃になると、テレビがある町へ行くため川は小舟であふれた。テレビがある店に多くの人が集まり過ぎて、垣根《かきね》が壊れてしまったこともあった。テレビでベト・ドクの手術シーンが放映されると、すすり泣きとともに、祈りの声があちこちから聞こえた。

「ナムアミダブツ。あの子たちをお守りください」

手術から何年たっても全国から手紙や詩が届いた。お年寄りから小さな子どもまでが、数多くのメッセージを書いて送った。中には詩の形になっていないものもあるが、気持ちは伝わってくる。例えば、9歳の男の子、ホク・エット・タン君はこんな手紙を書いた。

親愛なるベト君・ドク君へ

ぼくの父さんがホーチミン市に行くので、君たちにあいさつしたくてこの手紙を書きます。

ぼくは毎晩テレビを見ます。

お医者さんたちが手術をしてから、君たちはそれぞれの生活ができるようになりました。

ぼくはとてもうれしいです。

君たちは頑張ってご飯をいっぱい食べて、リハビリをして、早く治ってください。

そして、ぼくと一緒に学校へ行きましょう。

ぼくの貯金3，０００ドンを全部君たちにあげます。

おやつを買って食べてください。


この手紙を読んで、ドクは泣いていた。

フォンという少女は、こんな詩をベトとドクにプレゼントした。

あの時は　とってもドキドキ
心臓ドキドキで　止まるかと思った
わたしはベトとドクが　とっても心配
友だちだから　心配なんだよ
君たちのおなかにメスが当たると　私のおなかも痛かった
まるで心臓も肝臓も　燃えてるみたいだったよ

手術チームのそれぞれの医師の名前は、多くのベトナム人に尊敬と親しみを持って語られた。誰もが、これらの医師たちのために何かをしたいと考えて、さまざまな物を贈ってきた。

ツーズー病院には、たくさんの花が届けられた。一本のバラ、大きな花束、大小のカゴ飾りや蘭《らん》の鉢植えなど、さまざまな花で病院はあふれんばかりだった。贈った人の気持ちを無にしないように、医師たちは家に持って帰ろうとしたが、持ちきれる量ではなかった。

ある陶器メーカーは「ベト・ドク　成功おめでとう」と書いた茶碗を数百セットも焼いて贈った。他にコーヒー、ミルク、砂糖などの企業から、自社で生産した商品が贈られた。自家製のケーキを作り、きれいにデコレーションして持ってくる婦人も多かった。ある子どもは、ベト・ドクにあげるのだと言ってブタの貯金箱を抱えてやってきた。ある子どもは、ドクはサッカーのダザエフ選手にあこがれているとテレビで聞いたので、サッカーボールとユニフォームを贈った。

ツーズー病院の寄付リストは時間とともに厚みを増していった。最初の1カ月だけで、病院には現金5,700万ドンと4,000米ドルが寄せられた。その中の1,000ドルは、日本電波ニュース社の長崎記者が贈ったものだ。海外在住のベトナム人からも、手術チームに数多くのお祝い電報や手紙が届いた。その数はチャン・ドン・ア医師宛《あ》てのものだけで400通に達した。

「寄付リストに名前が載ると、ボランティア活動の義務を優先的に免除される」と学校の教員たちは聞いた。そのため、寄付リストには見舞いではなくボランティア活動として参加したものもある。

●レ・クイ・ドン高校3年2組の担当教師と生徒：12,800ドン
●グエン・ティ・ホア教師と児童2名及び友だち：8,000ドン
●ホンバン中学校4年A組の担任と男子グループ：3,000ドン

「このお金はA組の学級運営費を切り詰めたもので、生徒全員の賛成により贈ります」

子どもたちは損得を計算することなく、純粋な気持ちで、すべてを贈る。三人の少女は、ホーチミン市の北部から自転車に乗ってやって来た。昼の暑い中、額にびっしょりと汗をかき、顔を赤くしてはにかみながら10個のオレンジを差し出した。

中学1年のチャン・タイ・グイェン君は、10月5日の夜テレビを見た。翌日、親からもらった朝食代を贈るために、寄付を受け付けているテレビ局にやって来た。かばんには1，000ドンが入っているはずだ。かばんを開いて驚いた。

「どこかで200ドンを落としちゃった。800ドンしか残ってない」とベソをかいていた。

誰もがベト・ドクの早い回復を願っていたが、特に年齢の近い子どもたちが、その小さな手を数多く差しのべてきた。中学校2年のビン君、現金7，000ドンとボール一つ。小学5年のチュイちゃんと中学1年のフオン君はミルクを一缶寄付。また、お金や品物の代わりに献血を申し出る人も数多くいた。ツーズー病院の寄付名簿には献血の欄があり、2ページにもなった。

自分の子どものために買った缶ミルクをベト・ドクに贈る産婦も多かった。母親として子どもを想う気持ちから、そんなプレゼントを贈ったのだろう。

カンボジア国境を守る若い兵士たちが、お見舞いに来たこともあった。彼らは一時帰省の途中に軍服のまま病院へ立ち寄った。戦場で死に直面している彼らは、命の尊さと危《あや》うさを日々実感している。真っ黒に日焼けし、汗で変色した軍服の若い兵士が、受付の看護婦に封筒を差し出した。看護婦は兵隊がやって来たことに少し驚いていた。兵士たちの2、3カ月に一度支給される給料はとても少なくて、1週間分のタバコを買うにも足りないほどだった。彼らの所持金は少なく、中にはポケットに200ドンしかない兵士もいた。

ツーズー病院の寄付リストには食品や花、おもちゃなど様々な品名が数多く並んでいる。そして、どのページからも献身的な深い愛情がにじみ出ている

ドイモイ政策の生みの親として、世界的に著名な経済学者グエン・スアン・オアイン博士は当時を思い出して語っている。

「手術成功のニュースを聞いたのは、シカゴ出張中でした。アメリカの友人は熱列に握手をもとめ、祝福してくれました。彼らはベトナムを尊敬と驚きの目で見ていました。ベトナムの困難な社会背景の中で、こんな快挙が達成できたことは想像もできなかったのです。連日連夜、電話のベルが鳴り続けて私は寝不足でしたよ。多くのアメリカビジネスマンは、アメリカとベトナムの関係が一日も早く正常化するように望んでいました。その後、多くの大学から私は招

待されてベト・ドクについて話しましたが、本当にベト・ドクについては少ししか知らなかったのです。なにしろ、ベトナムからの情報が遅くて、ほとんどアメリカのニュースで聞くことが多かったのです」

〈翻訳者より〉

本文中にベトナムドンでの価格表示があります。当時のベトナム国内での物価を現在と比べると30対1くらいになります。私が聞いたところでは大衆食堂の定食一人前が1，０００ドンくらいだったそうです。そうすると当時の1，０００ドンは現在の日本なら３００円から５００円くらいでしょうか。

第8章　分離手術後、8歳のベトちゃんドクちゃん

チョン・チュック／ミン・トウー

ベトナム人ライターのチョン・チュックとミン・トウーは、ベトちゃんドクちゃんのことを継続的に取材していた。次に紹介するのは手術の翌年、8歳になった彼らの様子だ。

手術は成功した。しかし、ドクちゃんには、自分自身で乗り越えなければならない課題もあった。

ベト・ドクの分離手術から6カ月過ぎて、ツーズー病院を訪問した。知っている人だと気がつくと、ドクは両手で車イスの車輪を回して走り寄ってきた。そして、足でブレーキをかけて止まった。

「ぼくは元気になったんだ。足も使えるんだよ。さあ、部屋に入ってください」

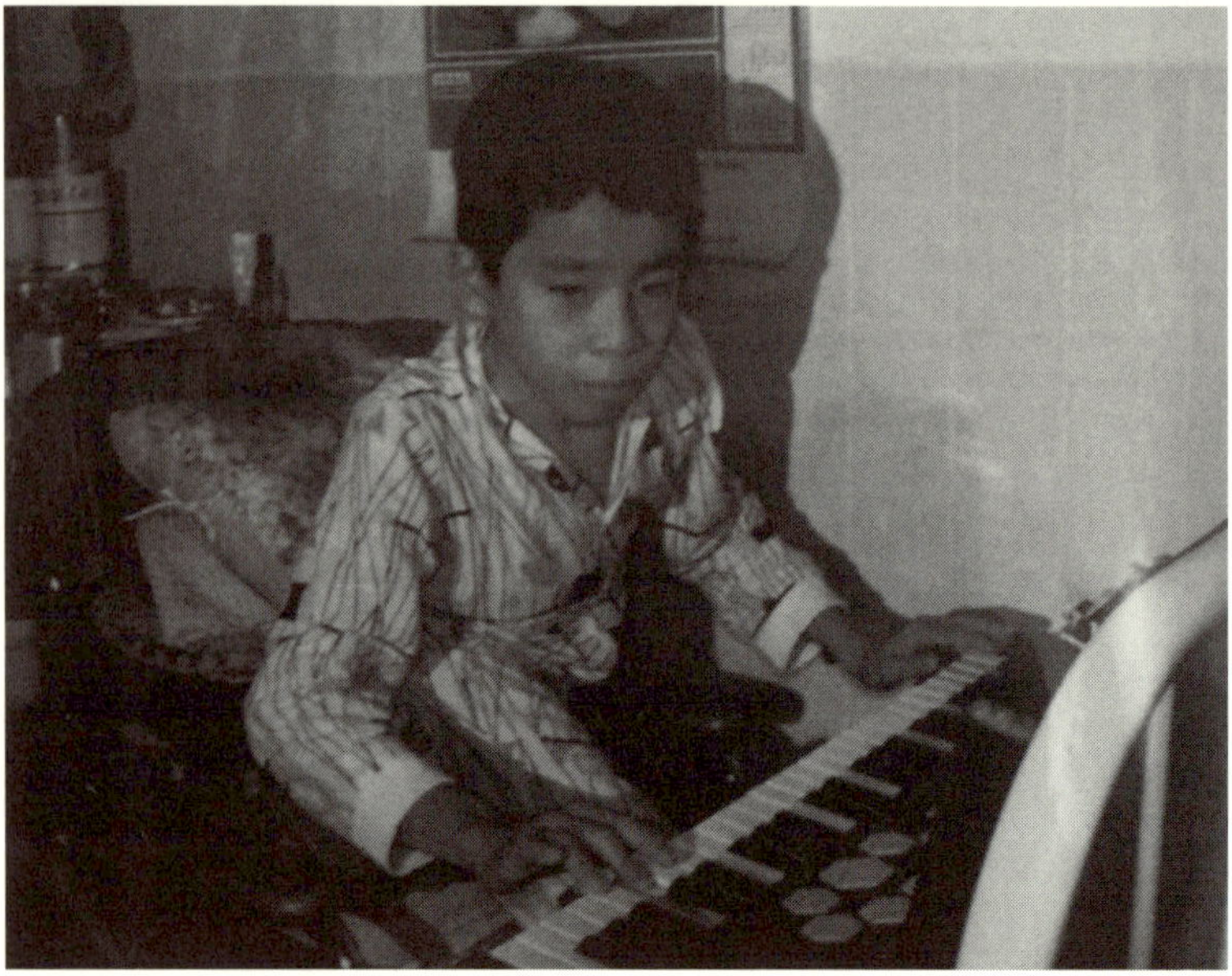

分離手術後、電子ピアノを弾くドクちゃん。

ドクは、明るい声で迎えてくれた。

彼は車椅子を巧みに乗りこなして自分の部屋へ案内してくれた。その姿を見て、ベト・ドクに親しい日本人の姿を思い出した。「ベトちゃんとドクちゃんの発達を願う会」の河原正実事務局長も同じように車椅子に乗っている。ドクが今、使っている車椅子も日本の願う会から贈られたものだ。1988年10月8日に、ベト・ドクの手術が成功したと聞き、河原さんはベトナムを訪れた。ホーチミン市の空港に降り立った彼は真っ先にツーズー病院へ向かった。顔からしたたるほど汗をかきながら、彼はズオン・クアン・チュン保健局長の手を握って言った。

「あなたには想像できないかもしれませんが、私たち日本の障害者は手術が成功したニュースを聞いて泣きました。このことを通して、私たちは科学の力で障害を越えることができるのだと確信しました」

自分の部屋に入ったドクは、両手と一本の足で車椅子からベッドへ上手に移動する。

「１カ月以上前から、手伝ってもらわなくても自分で車椅子に乗れるんだ」とドクは言う。

ベッドに座ったドクは服をめくって、

「おへそもあるよ。ぼくはおなかもよくなったんだ」と見せてくれた。

「どこがよくなったの？」と聞くと、

「ほら、ここだよ」と言いながら、深呼吸して、おなかを動かしてみせた。

かわいいおなかをくすぐるとドクは笑うが、少し下の方へ手を伸ばすと、

「そこは、くすぐったくないよ。だって、そこはベト兄さんからもらったところだから」とドクは言った。

そして、下腹部にある人工肛門の袋を見て、さびしそうな顔をした。ドクはいつでも、この排泄物《はいせつぶつ》を入れるバックを装着し二日ごとに交換しなければならない。現在のところ、まだ膀《ぼう》胱《こう》と外性器が不完全なので、カテーテルを使って排尿《はいにょう》しているのだと担当医が教えてくれた。

ベト・ドクの体は医学研究者にとっては課題の宝庫と言ってもいいかもしれない。

分離されたドクの体を見て、手術前のことを思い出した。二人共有の短い足に触りながら聞

いてみた。
「手術したら、この短い足はどうするの？」
「ぼくは残してほしいよ。だって、その足はリズムに合わせて動かすことができるからね。でも、お医者さんは、この足の皮をぼくのおなかに使うって言ってたからなくてもいいや」と無邪気に言っていた。

その指がない30センチたらずの足は、神が二人共通に与えたものだ。その皮膚は、ドクの腹部に使ったが、神経はベト側だったためドクには感覚がない。

ドクのおなかにある90センチの手術跡は、完全にふさがっていた。１００針以上も縫ったが傷は黒ずむこともなく、きれいになっている。これは長時間緊張を強いられた手術の最終過程でも、医師たちは忍耐強く細かい血脈をつなげていった証明だ。

ベト・ドク、二人の部屋は透明なガラスで仕切ってある。この構造は以前から二人を診ていた医師の意見で採用された。手術で体を分離することはできるが、患者の心をメスで切り分けることはできない。当初、容態の悪いベトだけを特別室に入れる案があった。しかし、ベトとドクの部屋が別々になってしまうと、お互いに寂しがるのではないかという意見が出た。精神的な安定は術後の回復に好影響をあたえる。これまで、ずっと一緒だった二人の心情を考えて、いつでも顔が見える方が安心すると考えたのだ。

ガラスの向こうでは、シスターたちがベトにヨーグルトを食べさせていた。ドクは自分のベッドに座り、一本の足を揺すりながら楽しそうに話している。そして、時々首を曲げて、仕切りの向こうにいるベトを見る。二人は分離されても、目に見えない力でつながれているかのようだ。

分離手術を実施してから現在まで、ベトのけいれんは完全に治まっている。手を踊るように振り続けることも減ってきた。しかし、その後、ベトは、さらに手術を受けなければならなかった。１カ月後に行なわれた２回目の手術で、ベトは自分の足の皮膚で腹部を覆《おお》う治療を受けた。分離手術では、ベトの腹部を覆う皮膚が足らなかった。そのため、ヴァン・タン医師とチャイ医師はマーレックスというメッシュ材料と人工皮膚で仮に覆っておいた。人工皮膚は５日に一回交換しなければならない。２回目の手術ではその人工皮膚を取り除き１０００分の15インチ（約０・４ミリ）まで薄く伸ばした腿《もも》の皮膚を腹部のマーレックスの上に移植した。分離手術後１カ月でマーレックスの網目に盛り上ってきた細胞に皮膚を癒着《ゆちゃく》させるのだ。皮膚を取り去った腿にもマーレックスを張って皮膚の再生を待つ。わざと出血させることで再生が早くなるが、ベトの腿はシーツが真っ赤に染まるほど出血していた。

分離から６カ月たった現在、ベトの体重は２キロ増えた。彼は植物状態だが、顔が明るくなり、なかなかのハンサムだ。

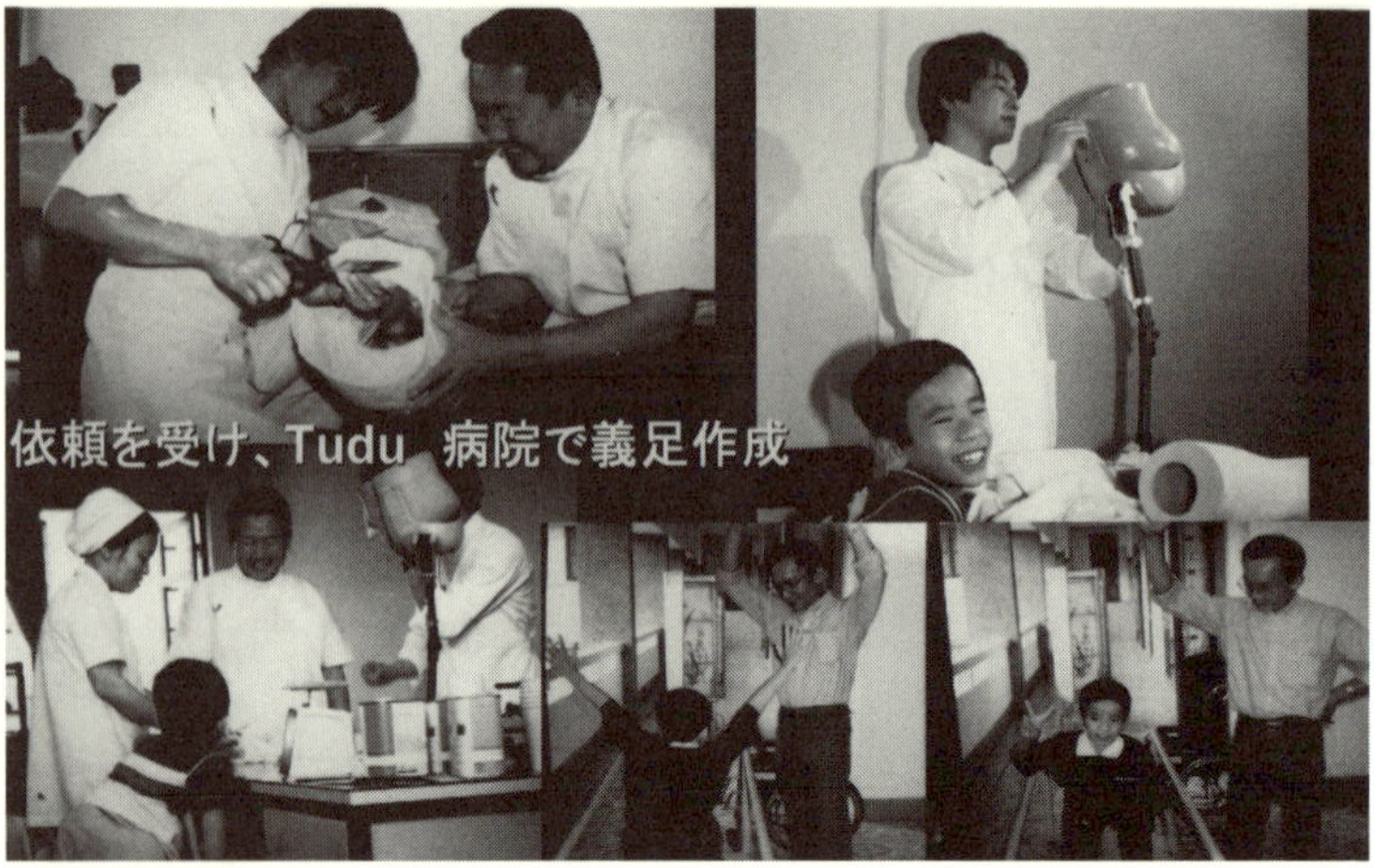

立てるようになった後、ドクちゃんはホーチミン市で義足を製作した。

廊下では、ドクが自分で立つ練習をしている。手術した翌年、3月25日にドクは自分の足で立つことができた。松葉杖《づえ》を脇にかかえて立ち、1から120まで数える。80まで数えたところで、ドクの鼻息が荒くなり、額には汗が噴き出してきた。顔をゆがめて隣にいるドン・ア医師に言う。

「痛いから、ちょっと休ませて」

ドン・ア医師は、やさしくドクを車椅子に座らせた。

「昨日よりもっと上手にならないとね。先週は百までできただろ。がんばって自分で立てるようにならないとね。これができたら次は義足の練習だよ」

ドクはドン・ア医師をじっと見上げていたが、車椅子から立ち上がり、練習を再開した。

「ぼく、がんばるよ」

1から120まで数える間立っているだけだが、ドクは汗と涙で顔中グショグショにしていた。自分で立つことが、歩くことにつながるということを、ドクは理解していた。

ドクにとって、自力で歩くことは幼い頃からの夢だった。松葉杖を使ってでも歩くことができたら、どんなにすばらしいだろうと考えていた。ドクの唯一の脚は手術前、体と90度の方向にあったが、今では、ほぼ真っ直ぐになっている。このような形にするために、手術チームは共通の小さな足の筋肉を恥骨に接続して形成した。

ドクは手術を受けてから考え方が変わったと言う。手術前は「ぼくは21世紀まで生きられるのか？」と考えていたが、現在はちがう。今は1日でも早く歩けるようになりたいと思っている。どうしてもダザエフ選手のようなゴールキーパーになりたいと考えていたが、そんなに強く考えなくなった。しかし、その夢は捨てたわけではないそうだ。

ドクは医学の力で、他の子どもと同じ生活に一歩近づくことができた。将来、医学が発達すればドクのような障害者の体は、もっと健常者に近づくかもしれない。しかし、体が健康になるだけではなく、今のドクのように感謝の心を忘れず、人の愛情を感じ取れる心も持ち続けてほしいものだ。

第9章　ベトちゃんドクちゃんの育て親たち

ベトちゃんたちは、重度の障害者なので生活のすべてに介護が必要だった。分離手術の後、ドクは一人で車椅子に乗れるようになった。ベトの症状は一部軽くなり、けいれんを起こすこともなくなった。しかし、その後も治療を続けなければならなかった。そして、そんな彼らを24時間介護してきたのが、病院のスタッフやボランティアの皆さんだ。

ベトナムでは、血縁でなくても母親のように自分を愛してくれる人を〝母さん〟と呼ぶ。ベトナム語で単に〝ME《メー》（母さん）〟と呼べば一般的に実の母親のことだ。そして、〝ME＋名前〟で呼べば、母親のような人のことを指す。ベトちゃんたちには、そんな〝ME＋〟のお母さんが何人もいる。

自分たちが生まれたサチャイ診療所を出て以来、ベトとドクには親が増えた。その親とは病院で彼らを育ててきた看護婦や介護スタッフだ。ドクは生まれてからベト兄さんとずっと一緒だった。コントム病院に移り、そして、ハノイのベト・ドク病院で2年近く育てられてからホーチミン市のツーズー病院に転院した。その長い旅路を経て今日まで面倒をみてくれたのは誰だったのだろうか。ドクは心の中で、自分が赤ん坊だったとき、誰に育ててもらったのかと考えることがある。彼は、こう答えるだろう。

「ぼくには、ムオイ母さんがいるし、他にもたくさんの母さんがいる」

ドクが幼い頃を思い出すとき、最初に思い出すのは育て親のグエン・ティ・ムオイ助産婦だ。ベト・ドクは1982年12月に、ホーチミン市のツーズー産婦人科病院へ転院してきた。病院の管理部は養育担当を分担することにし、ベトにはムオイ助産婦を、ドクにはイェン助産婦を任命した。ムオイさんは、幼かったベトとドクの介護を思い出す。

「子どもの介護は繊細《せんさい》な仕事です。それは簡単なことではなく、技能や知識以外に、熱心で勤勉なことが要求されます。特にベト・ドクのような結合双生児を世話することは、他の子どもに比べて何倍も大変な仕事です。しかし、愛情と責任を感じながら、私たちは仕事を続けてきました」

ベト・ドクの治療のスケジュールは、とても細かい。そのため、細心の注意を払って二人を世話してきた。介護はベト・ドクに食べさせ、睡眠や、病状の変化を観察することだけではない。彼らを温かい目で見守り、やさしく話しかけながら育ててきた。ムオイさんは、ベト・ドクの体に合わせた特別な服を作った。

また、ベト・ドクに社会性を学ばせるため、ムオイさんは自分の実の子どもを連れてきて一緒に遊ばせた。時間があるときに、彼女は病院から許可を得て彼らを自宅に連れて行ったこともあった。けれども、ベト・ドクを町に連れ出すとどうなるのか、ということまで彼女には考えられなかった。ベト・ドクが乗った台車が彼女の家の路地に入ると、近所の人が結合双生児を一目見ようと道いっぱいに集まってきた。ベトとドクは怖くて泣き出した。ムオイさんは急いで毛布をかぶせて、家に入れた。そのとき、ベトとドクはまだ小さかったが、敏感で、傷つきやすい子だった。

幼い頃のベト・ドクについて、ムオイさんは思い出したくない記憶がある。それは、ベトの病状が悪化して、徹夜になったときのことだ。１９８６年5月22日の午後、ベトは高い熱を出して、けいれんしたまま意識を失った。その1カ月後、ベトを治療するとともにドクの命を維持するため、二人を東京まで連れていった。

東京から来た特別便の飛行機でベト・ドクを日本へ連れて行くとき、ベトナム医師団としてゴック・フォン医師、ソン・ファット医師とムオイさんが同行した。そのときは、ぎりぎりまで許可が下りなかったので、医師団は準備をする時間がほとんどなかった。それでも、ムオイさんは、濃縮したヌックマム（ベトナムの発酵調味料）を持って行った。ドクは、ヌックマムで味付けしなければ食が進まない。彼女はドクの好みが分かっていたのだ。日本でもヌックマムは手に入るかもしれないが、おいしいものがないかもしれないと思ったからだ。そして、彼女の予感は正しかった。二人の食事費用は日に300ドルが割り振られていたが、ドクは日本料理をまったく口にしようとしなかった。ムオイさんがヌックマムを持っていかなかったら、ドクの健康は安定しなかったかもしれない。

日赤医療センターにベト・ドクを訪ねたツーズー病院のタ・ティ・チュン医師は、ムオイさんの介護を賞賛《しょうさん》した。勝手のちがう外国では、何もかも思い通りにならない。そんな中で、よくがんばっていると感じた。食事が口に合わないことだけでも、大きな苦労だ。日本にとってベト・ドクは特別な患者であり、治療のために日本政府は特別機さえ用意した。日本人はベト・ドクのことをとても愛していた。そのため、ほんの小さな変化でも注目されてしまう。これは、ムオイさんにとって重圧だった。ムオイさんが日本の病院で、がんばっているのを見て、チュン医師は彼女を一日休ませてあげようと思った。一日だけチュン医師が二人を介護してムオイさんを休ませた。その時のことをチュン医師はこう話した。

「私は一日二人の面倒をみただけなのに、疲れ果ててしまいました。これを毎日続けているムオイさんには、本当に頭が下がります」

ある日、日赤の横森医師はムオイさんとフォン医師を家に招待した。ムオイさんは気が進まなかったが、熱心な誘いを断るのも失礼だと思って行くことにした。横森医師の家へ向かう途中でポケットベルが鳴った。これは〝至急、病院へ電話せよ〟という知らせだ。ムオイさんの不在で病院は大変だった。彼女がいないとドクは薬を飲まないし、ご飯も食べなくなってしまう。

ムオイさんは、介護の仕事を選んだことでさまざまな犠牲《ぎせい》を払ってきた。彼女たちのような仕事は生活の一部を犠牲にしなければ務まらない。例えば、ベト・ドクは24時間介護なので交代で夜勤をしなければならない。また、日本への出張は4カ月近くにも及んだ。彼女が家を空けている間、自分の子どもは夫にまかせていた。障害児の介護という特別な仕事は、家族の理解がなければ続けられない。彼女は、よく自分の娘をドクと遊ばせた。そして、夜勤の夜は娘とドクを両手に抱えて寝た。彼女の娘は、小さいときからドクとよく遊んでいたので今でも友達だ。

介護は毎日続く。食事をさせ、お風呂に入れ、容態を観察しながら、薬を飲ませる。二人の健康管理だけではなく、ドクの自立を目指した指導も行う。ドクが歩行練習を始めたとき、最初はうまく歩けなかった。生まれてから一度も立ったことがないドクにとって、バランスをとることはむずかしかった。それでもムオイさんたちは、泣いているドクをなだめすかし、時にはしかりながら練習させた。そうして、ドクは障害と闘いながら成長していった。

手術チームの医師たちは、誰もが育て親たちの仕事は尊敬に値すると言う。何年もベトとドクを世話することは、忍耐だけではなく様々な工夫も必要だ。特に脳障害のベトは、食事と入浴が大変な仕事で、お風呂に入れるときには、4人がかりだ。男性のヘルパーが抱き上げて移動させ、看護婦が水を注ぐ。別の看護婦が体を洗い、タオルでふく。かぜをひかないように、手順よく、急いでやらなければならない。ベトの食事はさらに大変だ。食べるものは、すべて細かくしなければならない。それを、一口ずつスプーンで食べさせる。彼は、口の中に食べ物が入れば反射的に飲み込むが、おなかがいっぱいのときは、歯を固くかみしめて口を開かなかったり、吐き出したりする。これを、毎日3回くり返す。

ベトを介護するボランティアのシスターがいる。シスター・チュックは愛情深く、忍耐力があり、皆から尊敬されている。シスター・チュックは、今までに何回も同じ質問をされた。

「ベトが生き続けることは、本人にとって苦痛ではないのか？」

「どうして皆さんは、そんなふうにお考えになるのでしょう。たぶん、ベトは必要とされていないと思っているのでしょうね。ベトとドクは生まれてから7歳まで結合していました。ドクは毎日、学校から帰ると必ず部屋に来てベトの健康状態をたずねます。ドクにとってベトは、かけがえのない兄弟です。

ベトが脳性麻痺《まひ》になった当時、病院には旧式の設備しかありませんでした。ベトが痰《たん》をつまらせるたびに吸い出しますが、使っていた吸引機は足踏み式でした。私が疲れて踏む力が弱まると、ドクが手伝おうとするのです。ドクはベトの呼吸が楽になるように一生懸命ペダルを踏もうとしていました。ベトは夜中でも目を見開いて、手足を踊るように動かすことがあります。ベトが発作を起こすと、ドクはベトの手を押さえて、『ベト兄ちゃん。ぼくを驚かせないで寝てね』と言っていました」

ツーズー病院平和村で介護をするムオイさんなどの苦労は、ベトとドクが成長するとともに増えていった。彼女たちが心配したのはベトの脳性麻痺による反射運動だけではない。彼女たちは、本当の母親のように成長する彼らのことを心配していた。

「ドクの成長とともに私たちの責任はさらに重くなります。幼い頃の養育も簡単ではありませんが、ドクの人格形成には神経を使いました。私は至らなかったかもしれませんが、愛情だけは伝わりドクは素直に成長してくれました」とムオイさんは言う。

ドクの結婚式。ドクちゃんの右側にいるのがムオイさん。

平和村の看護婦長、小児科部長のタン医師など、平和村で毎日ドクと接している人たちは口をそろえて言う。ドクが小さいときの世話も大変だったが、青年期に入っても心配の種は、なくならなかった、と。ある時期、ドクに彼女ができたことで、平和村の子どもたちから孤立したこともあった。有名になったドクが利用されているのではないか、とムオイさんたちは心配した。それと同時に、子どもたちには、「ドク兄さんは大人なんだから、彼女と付き合うのは普通のことだ」と説明した。

平和村の職員が一番重要だと考えていることは、どうやって、子どもたちを社会に参加させるかということだ。そのために、職業訓練をして自立できるように援助をする。しかし、障害者を自立させるということは、やさしいことではない。

ドクが結婚すると言ったとき、平和村の誰もが喜んだ。けれども、それと同時に心配もした。今、ドク夫婦は幸せに暮らし、しっかりとした生活をしているので、平和村のみんなは安心している。しかし、平和村で、ドクのように障害を越えて幸せになる子どもは多くない。

ベト・ドク手術から20年たった現在、科学技術の発展とともにベトナムの医療も進歩した。肝臓移植、腎臓移植、体外受精なども国内で可能になった。しかし、どんなに科学が進歩しても、人としての人格を育てるのに「親」の愛情が必須だ。子どもの介護・養育は、技術的な工夫も必要だけれど、なによりも大切なのは子どもたちへの献身だ。この仕事を続けることは、長い坂道を一歩ずつ歩み続けるような毎日かもしれない。平和村の育て親は、今日も休むことなく子どもたちの介護を続ける。

〈翻訳者から〉

ムオイ母さんこと、グエン・ティ・ムオイさん。大変残念なことですが、２０１０年に亡くなりました。享年66歳。急性白血病でした。その時のドク君は、人相が変わるほど落ち込んでいました。ムオイさんのご冥福《めいふく》を心よりお祈りいたします。

第10章　元党書記のチュンおばあちゃん

　ドクちゃんが〝おばあちゃん〟と慕《した》うタ・ティ・チュン先生のことを紹介しよう。チュン先生は、手術が行われた当時、党の病院委員会書記としてツーズー病院の副院長をしていた。これは実質的には病院のトップであり、記者会見するようなときには、彼女が最前列に並ぶ。

　彼女は、ベト・ドク手術の執刀医《しっとうい》ではない。しかし、手術では重要な働きをした。集まった医師たちの様々な要求を限られた環境のなかで実現していったのは、彼女の手腕によるものだ。また、手術担当医たちのまとめ役でもあった。これは、彼女でなければできない仕事だったと思う。集められたのは、医学の各分野を代表するような大御所ばかりだ。そういった医師たちをまとめたのは彼女だった。暑い日には飲み物を準備し、雨が降れば傘の心配をする。そんな母親のようなチュンさんに、誰も逆らえるはずがない。

　そんなチュンさんのことを同郷の女性ライターがリポートした。

チュンおばあちゃんこと、元共産党役員でありツーズー病院平和村副所長タ・ティ・チュンさんの電話の声は不思議なほど耳に残る。

「もしもし、おばあちゃんですよ」

そのやさしい声は聞く人の心を暖かくする。多くの人と同じように私もチュンさんを敬愛しているが、彼女は、いつも忙しくてめったに会うことはできない。彼女は30年以上ツーズー病院に勤めている。定年退職した現在でもツーズー病院の平和村で、障害を持つ子どもたちのおばあちゃん役として、献身的に働き続けている。

チュンさんについて書かれた本のなかで、彼女は過去について謙遜《けんそん》しながら語っている。

「私は南部解放の拠点だったベンチェ省の農村で育ちました。当時はベトナム戦争のただ中だったのですが、解放戦線から工作員として町に潜伏《せんぷく》するよう命ぜられました。そのことは、すぐに米軍と南ベトナム側に知られて逮捕されました。しばらく拘留《こうりゅう》されましたが証拠不十分で釈放されました。わたしは、解放地域（北ベトナム軍の支配地域）の医学短大で学んでから、南部の大学で医師資格の勉強をしました」

しかし、実際には、そんなに単純なものではなかった。彼女は留置されていた刑務所で敵の司令官から求婚された。このままでは結婚を無理強いされると思った彼女は、刑務所を脱獄して再び解放戦線に身を投じている。当時の刑務所では拷問《ごうもん》は珍しいことではなく、日常的に行なわれていた。チュンさんの穏やかな顔を見ていると、残酷な拷問を受けたことなど誰も考えないだろう。また、戦争により、幼かった我が子と離れればなれになった経験もしている。

１９６８年、ホアン・レ・カー病院で医師として勤めたとき、激しい戦闘で、数えきれないほどたくさんの負傷兵が前線から運ばれてきた。傷が悪化したため痛み止めなしで手や足を切断したこともあった。兵士と呼ぶにはまだ若すぎる少年のような患者が、歯をかみ締めて痛みをこらえている。思わず目をそむけたくなるような戦場で治療を続けた。その壮絶な経験は、彼女の力となり、医師として成長した。そして、リエン・コ病院の副院長兼共産党役員に就任した。

１９７５年４月のベトナム統一後、チュンさんは、ツーズー病院に勤務するようになった。しかし、戦争が終

2006 年 12 月 16 日ドクの結婚式。後列左からゴック・フォン医師、ドン・ア医師、チュンおばあちゃん。

わっても彼女は新しい戦場で戦っているようなものだった。その戦場は銃声こそないが、過酷な毎日だった。経済混乱で亡命する医師やスタッフが後を絶たない。欠員リストは日増しに増える。欠員をどう補ったらいいのだろうか。医師やスタッフの給料はインフレに追いつかない。病院の機能を維持し、市民の健康を守るために、医療技術者をどうやって確保したらよいだろうか。問題は毎日増えるばかりで、昼夜を問わず彼女を悩ませ続けた。ベト・ドクの手術はツーズー病院が、かつてないほど多くの問題を抱えていた時期に実施された。そんな環境のなかで、彼女は病院の副院長として人と物を集めた。そうやって手術チームの要求に応えた。

分離手術の時期、彼女は仕事に追われて1カ月以上も家に帰ることができなかった。当時の病院は、寄付に訪れる人々でごったがえしていた。彼女は見舞い客に応対するとともに、百人以上の医師やスタッフの専門的な要求に柔軟に、そして的確に対応してきた。今でも、ベト・ドク手術に参加した多くの医師は彼女に深い感謝の念をもっている。彼女は母親のように医師たちをねぎらい、緊張をほぐしていった。そして、行き届いた配慮で皆の心を暖め続けた。緊張を強いられる手術の打ち合わせが終われば、彼女はパンを準備している。圧倒的な緊張感に包まれた手術前には、おいしいフォー（米麺）を準備していた。

術後20年が経っても、チャン・ドン・ア医師には深い印象が残っているという。ドン・ア医師は言う。

「1988年3月頃から、手術の直前まで、一般からも医療関係者からも同じ質問を何回も受けました。それは、ベト・ドクは障害がある子どもだが、なぜツーズー産婦人科病院で手術をするのか、というものでした。我々は医学的理由によりこの病院を選択したのではないのです。そのため細かな説明は避けて、二人が長く暮らしてきた病院なので彼らの恐怖感を減らすためだと答えていました。

ツーズー病院の幹部は、激しい嵐のような状況でも困難に打ち勝ち、すばらしい仕事ぶりを見せてくれました。手術室を整備し、医療機器の設置、電気、水道、酸素のシステムを新設することを短時間で成しとげました。異例の条件で仕事をする我々のために、物不足のなかで高い品質の物品を確保してくれました。大勢押し寄せた国内外のマスコミによる取材の要請に応じ、数千人の個人と団体の訪問に応対していました。さらに、病院は導入した機械の維持管理を24時間体制で責任を持って行い、ベトの部屋の修理も短期間で完成させました。これは手術後に障害があるベトの療養に欠かせない医療設備を整えるものです。

そして、なによりもチュンさんと病院執行部は、なごやかな雰囲気を作り、手術チームの医師一人ひとりを労《ねぎら》ってくれました。それにより、我々執刀医は最大限の能力を発揮できたのだと思います。

今でこそ、私は、はっきりと断言できます。当時の環境で、このような実施能力がある機関はツーズー産婦人科病院の他にありませんでした。手術を実施する機関として、この病院を選んだのは正解であったことは結果が証明しています」

〈翻訳者より〉

チュンおばあちゃんこと、タ・ティ・チュンさん。御歳80歳を越えた今でも現役でお仕事をなさっています。ツーズー病院の平和村がある建物の一階に赤十字の事務所があり、チュンさんのデスクはそこにあります。そして、手が空けば上の階にある平和村に行って、診察かたがた、子どもたちの話し相手になります。チュンさんは、ドク君だけでなく、平和村にいる子どもたちすべての〝おばあちゃん〟です。

第11章　ツーズー病院とベト・ドク

医師　グエン・ティ・ゴック・フォン

　みなさんは、ベトちゃんドクちゃんが日本へ来たときの映像を覚えているだろうか。当時の写真を見ると、彼ら二人のそばにいつも細面《ほそおもて》の女医さんが微笑《ほほえ》んでいる。その女医さんは、グエン・ティ・ゴック・フォン先生だ。ベトちゃんドクちゃんの手術と治療には多方面にわたる、たくさんの医師が参加している。その中でもっとも長く主治医だったのがフォン先生だ。

　フォン先生は、1944年にサイゴン郊外の田園地帯で生まれた。父親は、ゴム農園で働く労働者だった。けっして豊かな家庭ではなかったが、医師を目指して医大に進んだ。1970年に医科大学を卒業してから1974年にアメリカで博士号を取得している。この年はベトナム戦争が終わる1年前だ。

フォン先生といえば、ベトナムでは誰もが知っている有名人だ。枯葉剤被害の研究で有名だが、それ以外にも子宮がんの早期治療などに業績を残している。長らくツーズー病院にお勤めだったが、最終的には病院長になった。また、国会議員も三期勤めたバイタリティあふれる人だ。現在でも、婦人科の専門病院で院長をしていて、手術を執刀することもある。本業の婦人科医以外にテレビ出演や慈善事業など、精力的に活動している。

1982年11月、ツーズー産婦人科病院は党中央委員会と保健省から公文書を受け取りました。それは、前年2月にサチャイ診療所で生まれた、下腹部が結合した双生児《そうせいじ》の養育を依頼するものでした。文書には「養育を依頼するので準備を開始せよ」とだけしか書いてありませんでした。その知らせを受けて病院では急いで準備をしました。でも、ツーズー病院は産婦人科の病院です。どうしてわたしたちの病院に二人が来るのか、その時は分かりませんでした。

私たちの病院では、何年も前から、枯葉剤と呼ばれる化学物質が新生児や妊婦に及ぼす影響について研究していました。これは後で分かったのですが、この問題を研究していたのは南部ではツーズー病院だけだったので保健省から注目されたのです。当時、ベトとドクはハノイで養育されていましたが、保健省では気候の温暖な南部に移送することを計画していました。そうして二人は私たちの病院に来ることになったのです。その時から、新生児科をはじめ、病院の全職員は二人を愛し、経費はすべて病院が負担して自分の子どものように育てました。その後、二人が世界中から注目を集めることになるとは思ってもいませんでした。

1983年1月、「ベトナムでの環境と人の健康に及ぼす枯葉剤の長期的影響」という国際シンポジウムがホーチミン市で開催されました。ツーズー病院では60年代から、多くの女性生殖器がんと奇形胎児の標本を収集していました。その標本を見るために多くの外国人学者や記者が病院を訪れました。そして、病院には、ベトちゃんとドクちゃんという双子がいました。

ゴック・フォン先生（左）とベトちゃんとドクちゃんの発達を願う会の藤本文朗先生（右）。

他の子と違い結合双生児でしたが、二人はとても元気でかわいい男の子でした。外国の研究者はベト・ドクのことに注目しました。なぜなら、二人は骨盤が結合している特殊な症例であり、他の国では報告例がほとんどなかったからです。そして、二人の親は枯葉剤が大量に散布された地域に住んでいた、という事実も注目されました。

また、記者たちは、二人が大きなハンディキャップがありながら明るく元気でいることに心を奪われました。結合した二人は賢くて、とてもかわいらしいことが、自国でも注目されるだろうと考えたのです。会議が終了してからも、ベト・ドクを訪問する外国人研究者は後を絶たず、また、多くのマスコミから取材の申し込みがありました。こうして二人は国内外の多くの人に知られるようになったのです。

そんないきさつがあったので、1986年にベトが病気になったとき、日本電波ニュース社が取材をしたのです。日本電波ニュース社の撮影隊はカンボジアから撤収《てっしゅう》するベトナム軍を取材した帰りにホーチミン市に立ち寄りました。そして、結合双生児が重い病気にかかっているということを聞きつけて取材に来ました。

ベト・ドクの映像が日本で放映されると大きな反響がありました。二人の命を救う運動を日本の人々ははじめたのです。二人は、ベトナム戦争で米軍が使用した枯葉剤の被害者ですが、日本政府もそれに加担したと日本の人々は考えました。米軍はオレンジ、ホワイト、ピンクといったコードネームの化学薬品を大量に使いましたが、その化学兵器を運ぶ飛行機の出発基地は日本だったからです。ちょうどその時期は日本で選挙があったので、政治家たちは民意をとても気にしていました。そんな幸運が重なり、チャーター便がホーチミン市に派遣され、二人は日本で治療を受けることができました。

日本で二人は多くの応援と援助を受けました。治療の結果、二人は危機的な状態から脱して病状は次第に安定してきました。二人の体調が完全に安定したことを確認してから、私たちは何回も日本赤十字社にベト・ドクの分離手術を依頼しました。その度に日本側は真剣に検討してくれましたが、引き受けてはくれませんでした。日本の医師団は分離手術が、どれほど危険な賭《か》けであるかを分かっていたのです。それは、ほんのわずかな失敗も許されない、とても困難な手術であり、あえて冒険をするべきではないと彼らは考えていました。しかしながら、彼らは継続的に援助することを約束してくれました。ベトナムで分離手術を行うため、2年以内に、最新の手術機材と医療設備を届けると約束してくれました。彼らは、ベトナムが困難な経済状態であることを知っていて援助を申し出てくれたのです。

ドクは人工肛門を閉じる手術を受けてから、海水浴も楽しめるようになった。（1996 年）

　病状が安定したので、私たちは二人をホーチミン市に連れて帰りました。分離手術は行われませんでしたけれども、3カ月前に比べれば、二人の健康状態は改善していました。この年から分離された1988年までの2年間、ドクは困惑した毎日を送っていました。以前は元気よくしていた兄ベトが寝たきりになり、弟ドクの体調が

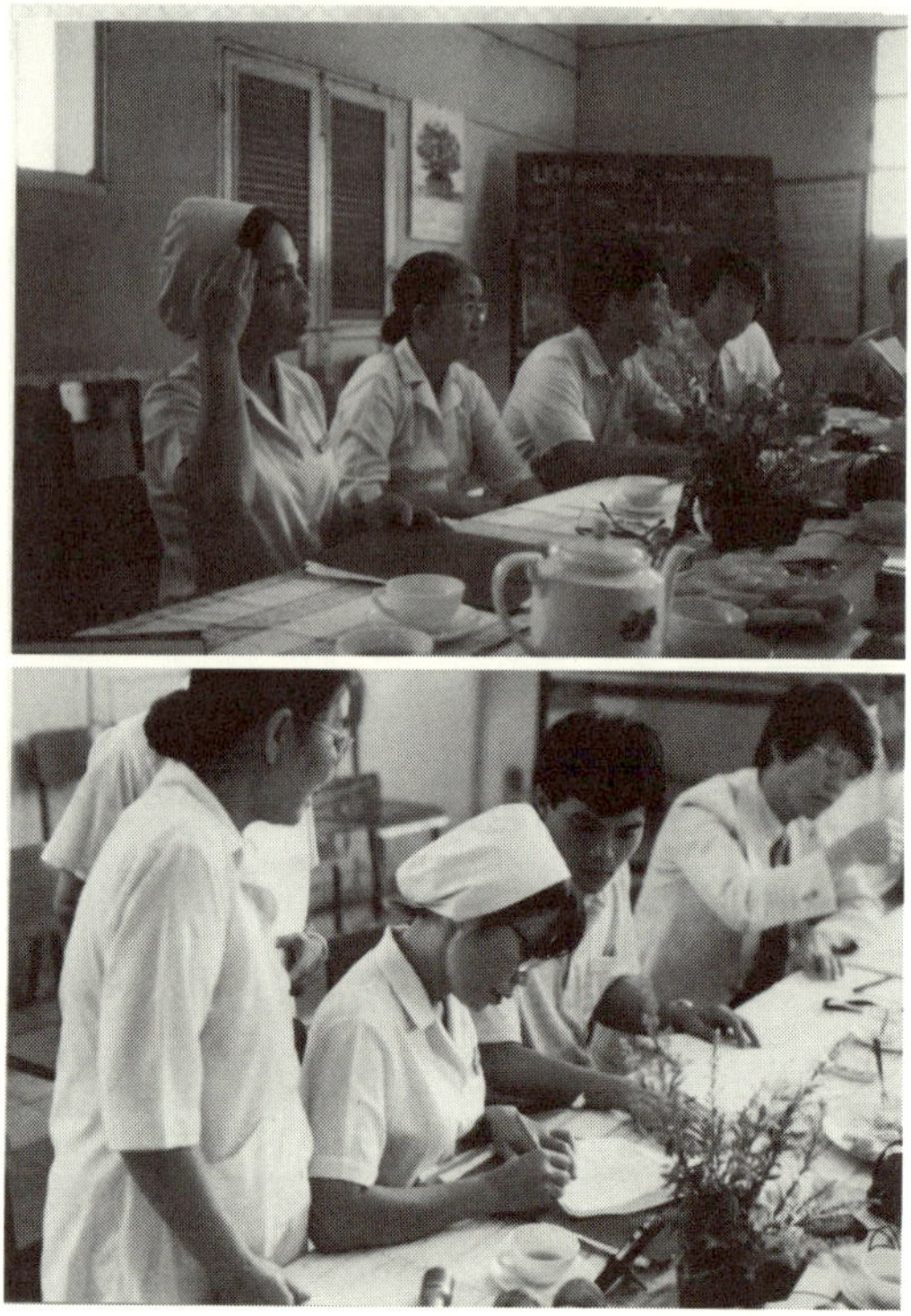

手術については、日本医師団と入念な打ち合わせをした。

次第に悪化してきたのです。私たちは彼らの健康と将来を真剣に考えなければならない時期を迎えたのです。ベトの影響でドクは十分な食事ができません。ゆっくりと眠ることも、遊ぶこともできません。私の顔を見るたびにドクはベトと分離してほしいと訴《うった》えます。このことを保健省に報告すると、市保健局長のズオン・クアン・チュン医師はすでに準備をはじめており、日本赤十字社からの援助を受け入れる許可を申請していました。

日本赤十字社からは、とても手厚い援助を受け、最新の医療設備を整えることができました。それが、ホーチミン市医師会から選びぬかれた外科医たちの技術と相まって手術は成功しました。手術の成功は国内だけではなく、海外でも報道されて賞賛されました。

この手術を準備し、実行した一員として、私たちは二人のことを一生面倒見なければならないと再認識しました。これはとても大きな責任です。でも、私たちは、そのことを重荷だとは思いませんでした。母親が子どもの面倒を見るのは、自然なことです。我が子に障害があったとしても、母親が子どもを見放すことはありません。子どもの体に不自由なところがあるからこそ、尚一層の愛情をそそぐのが母親というものです。博愛修道院のシスターたち、ツーズー病院の医師や助産婦などスタッフ全員が、こういう気持ちで二人を育ててきました。

介護とは、時間との競争のようなものです。困難な仕事でも時間内にすませなければなりません。めんどうくさい、などと思って毎日の仕事を均等に割り振ることはできません。手術後にベト・ドクを介護する仕事も同じで、24時間の介護が休むことなく毎日続きます。どうすれば二人は生き続けることができ、意義ある毎日を快適に過ごすことができるか…。私たちは、そのことを考えながら介護してきました。

ベトに食事をさせることは特に大変なことでした。調理した食品を細かく砕き、栄養価を計算して食べ過ぎないよう調整します。彼の発育に適正な分だけを食べさせるのですが脳障害の彼に言って聞かせることもできません。本能的な反応で、おなかが空いたら食べますが、食べたくないときにはベッドいっぱいに吐き出してしまいます。ベトをお風呂に入れるときも一苦労でした。シスターや助産婦は、すぐれた介護技術をもっていますが、彼は成長して女性の力では抱き上げることができなくなってしまいました。そのため、病院では男性のヘルパーを募集して、入浴のときは補助してもらいました。ベトの排泄《はいせつ》を介護することは医学的にも重要で、高度なスキルと献身的な姿勢が必要です。ベトのような植物状態の脳性麻痺《まひ》児を介護する方法について、多くの国際会議で産婦人科病院の医師と助産婦が呼ばれて報告をしました。技術的には、ベッドを排泄物で汚さないように多くの工夫をこらしました。排泄物による感染はとても危険で、一度感染してしまうと治療は簡単ではありません。当初は、ベトの尿道《にょうどう》が細菌感染し高熱を出すことも時々ありましたが、その後は、ほとんどなくなりました。

ドクの介護は、とても細やかな注意を要する仕事です。彼は障害をもつ兄から解放されてから、多くの人に関心をもたれるようになりました。幼くして有名になってしまった子どもは心理的に〝甘えすぎる〟傾向があります。身体面では、手術後の数カ月で、カテーテルを外し、ドクは自分で排尿《はいにょう》することができました。

しかしながら、排便《はいべん》の方は、その後6年以上人工肛門を使っていました。このことは、彼が学校で臆病になる原因でした。袋がいっぱいになると、ガスがもれます。無邪気《むじゃき》な同級生は、そのことでドクをからかいます。ドクはとても気にしていて、誰にも言えない内緒話を打ち明けるようにして私に話しました。

1995年、私たちはズオン・クアン・チュン医師に、この問題を報告しました。そして、許可を得てベト・ドクの手術に参加した医師を呼んでこの問題の会議をしました。ドクの人工肛門を閉じて、大腸を肛門につなぐことについて討論したのです。チュン医師が議長を務めて何回も会議が開催され、分離手術のときに負けないほど活発な議論がくり返されました。結論として、ホーチミン市医師会はツーズー病院に治療を一任する。そして、日本に援助を求めて、日本で手術を行うのが最もいいだろうというものでした。

１９９５年7月、ドクは、また日本に行き、6年以上悩み続けた人工肛門を閉じることになりました。ドクといっしょにヴァン・タン医師とヴァン・ミン・ス医師が派遣されました。手術は分離手術ほど複雑ではありませんでしたが、7時間にも及ぶものでした。立ち会った両医師は、手術は成功したと評価しました。手術後は口から大腸、肛門までチューブを通して、回復を待ちます。切開口が完全に塞《ふさ》がってからそのチューブを引き出しました。この治療で一番大切なことは、人工肛門を閉じたあとで、本当の肛門が使えるかということです。これは手術前から懸念され、三重大学のチームが必要なすべての点を検査しました。手術後に全関係者は心配しながらベトの回復を待ちました。そして1カ月後、ベトの排泄機能は完全に正常になり、笑顔でベトナムに戻りました。

ドクについて、もう一つ問題がありました。彼には骨盤が半分だけしかありません。そのため、彼の義足を作る場合、普通の装着方法では骨盤に固定できないのです。その上、彼は育ち盛りの年齢なので、骨盤装具と義足を毎年交換しなければなりません。私たちは、〝願う会〟

の藤本教授に依頼し、ドクの義足問題を解決してくれる協力者を探してもらいました。その結果、世界リハビリテーション協会の会長だった神戸の沢村誠志教授が名乗り出てくれました。教授はドクを日本に呼びよせて、彼のチームと一緒に身長や骨盤の大きさを計測して、半分しかない骨盤に合わせた義足を作りました。その後、ドクはこの義足を使いこなすのに時間がかかりましたが、懸命に練習していました。この時の来日では、ドクの介護人以外に、整形外傷センターのハイ医師も同行しました。それは、整形外科の専門医として義足の作製を勉強するためです。沢村教授はハイ医師に必要な技術を教えるとともに作製設備を援助してくれました。ドクは、毎年義足と骨盤装具を交換しますが、ベトナムでも特殊な義足を作れるようになったため、日本の援助なしで義足を交換できるようになりました。

精神面については、学習機能の心配もしました。ドクはまだ幼い4、5歳のときから検査のために何回も麻酔されました。そして、分離手術や肛門の手術では長時間麻酔されたので、彼の知能や集中力への影響を心配したのです。学年ごとに、彼が通っていた小学校の先生と私たちはドクの成績を心配したのですが、私たちが理想とする学力レベルには到達しませんでした。病院の平和村の育て親たちも、このことをとても心配し、点数がよくない科目に家庭教師を依頼して勉強させました。将来、彼が自立するためには現在の勉強を確実に学習しなければなりません。これは私たちが将来について考えていたことですが、義務教育を終えたあとで、環境に応じて専門的技術を勉強させたい。例えば、コンピュータの技術を学んで仕事ができるようにと考えていました。私は、ドクにどうして成績があがらないのかと聞いたこともありました。「ぼくは頑張って勉強してもすぐに忘れちゃうんだ。他の子と同じだよ」と答えていました。子どもは誰でも勉強よりも遊びの方が好きなものです。この点を考えて、シスターたちは彼にお絵描きとオルガンを教えました。それは彼がもっと学ぶことに関心を持つようにするためです。

感情と心理的な面については、実母と姉が同じツーズー病院に勤めていていますが、ドクには普通の家庭生活がありません。彼は兄のベトと一緒の部屋に住むことを希望していました。他の子どもと同じくドクも、次第に成長して青年のようになってきました。声変わりもし、うっすらとヒゲも生えてきました。

ある日、彼と食事をしているときに突然、「彼女ができた」と打ち明けられました。私はどうやって女の子と知り合ったのかと聞きました。最初、彼女から手紙をもらってドクが返事を書き、その後お付き合いをはじめたそうです。私は心配になり、病院の役員や育て親たちと相談しました。彼は他の青年と同じような通常の精神的発達をしているのです。そのため、年頃になれば異性に興味を持つのは当然です。彼には、今は将来のために頑張って勉強して、お付き合いや結婚は、もう少し後で考えた方がいい、とアドバイスしました。

私たちの病院ではベト・ドクを預かって以来、何年も前から先天性障害児の養育施設を計画していました。そして平和村を設立し、枯葉剤による先天性障害をもつ子どもを40名ほど、お預かりしています。しかし、子どもの居住場所だけは確保しましたが、資金は底を尽き、養育費まで回りませんでした。そのため病院独自の基金を設立し、慈善募金で運営してきました。

私たちは、ベト・ドクをお世話してきました。幼児期からの養育、分離手術、手術後のリハビリ。私たちが、やってきたことは特別なことではありません。親が子どもの面倒を見るような、そんなごく普通の気持ちで育ててきました。ベト・ドクはすっかり有名になってしまいましたが、世間に公表するためにやってきたのではありません。それは、私たちが彼らを愛していたから家族のように育ててきたのです。

現在の社会でも援助を必要とする子どもは少なくありません。そんな子どもたちのために何をするべきか。どうすれば、もっとも効果的に援助の手を差し伸べることができるか。私たちは、理想的な介護を手探りしながら毎日仕事をしてきました。そして、これからもこの仕事を続けていきます。

生まれながらにして早世の宿命を背負いし子どもたち。願わくは、その命、一日でも長らえんことを…アーメン。

第12章　手術から20年たったドクちゃん

これは、手術から20年経ち、27歳になった当時のドクちゃんの様子だ。幼いころのことやベト兄さんへの思い、それから、結婚のことなどをベトナム人ライターがインタビューして記事にまとめた。

分離手術から20年になる2008年7月のある朝、ドクが〝おばあちゃん〟と呼ぶタ・ティ・チュンさんに会うため、私は平和村を訪れた。平和村の事務所に入ったところ、そこで仕事をしているドクを偶然見つけて、びっくりした。彼はパソコンの前に座り、慣れた手つきで書類を作っていた。チュンさんが私をドクくんに紹介したとき、彼は礼儀正しくあいさつをした。取材を申し込むと、彼は私をまっすぐに見つめて言う。

「ぼくの取材は、おばあちゃんを通しますか」

私が戸惑って考えていると、チュンさんは静かな声で、

「もちろん、おばあちゃんは見ていますよ」と言う。

「おばあちゃんが見ているんだったら、全部話せないよ」とドクは笑っている。

「おばあちゃんは見ているけど、あなたの話を尊重します。あなたは頑張って勉強したし、結婚もした。あなたの話に付け加えたり、削ったりすることはありませんよ」

チュンさんは静かに微笑んでいた。

その日、家に帰る途中、私はずっとドクのことを考えていた。彼は、近づきがたいほど個性的で、たくましい青年という印象が強く残った。ドクは何でも隠すことなく率直《そっちょく》に話すが、単に強いだけではない。チュンさんはドクの性格について、教えてくれた。

「彼はとても気さくで正直なんですよ。それに反応が早くて、自分の感情を率直に表します。だから知らない人は、ちょっとびっくりするかもしれない」

ドクは話し上手ではないけれど、正直で感情豊かだ。そして、好き嫌いがはっきりした性格で好きなら好き、嫌いなら嫌い、と決め付けるところがある。半分好きで半分嫌いのようなところがない。時々、彼の真っ直ぐな気持ちに接して、チュンさん自身が自分のことを反省することもあるそうだ。彼が間違ったとき、チュンさんは彼を呼んで優しく諭《さと》す。彼は優しい話し方を好み、人の意見を尊重する。また、彼自身も短気な面があることを認めている。チュンさ

んや保母さんたちに間違いを指摘されると彼は理解し、欠点を直そうとする。彼は素直に自分の欠点を認めて改善しようとするのだ。そんなドクがとてもかわいい、とチュンさんは言う。

ドクの心の中では、ツーズー病院は大きな我が家だ。ここでドクは、たくさんの人に守られて成長してきた。彼は、小学校の1年から3年まで教えてもらったシスター・ロアンのことを思い出す。車椅子に乗って、ヴォ・ティ・サウ通りにある障害児養護育成センターに連れ行ってもらった最初の日のことを憶えている。自分で小さな自転車をこいで学校に行く、幸せな感覚を憶えている。彼はその自転車を中学校卒業まで、まるで友だちのように大切にしてきた。

保母のムオイさん、テンさん、チャンさん、皆、労を惜しまず全力で介護し教育してくれたことを忘れない。彼女たちには根気があり、忍耐強くそして情熱をもって介護し、彼の成長を見守ってくれた。そして、その他にも多くの人の心が彼を支えてくれた。その中で日本の「ベトちゃんとドクちゃんの発達を願う会」が二人の分離手術を行うために、支援運動をしてくれたことも忘れない。

私はドクの記憶力にとても驚いた。平和村の保母たちも、この点には驚かされることが多いそうだ。彼は3回も大手術を受けた。幼い彼の脳に何度も麻酔が使われたにもかかわらず、すぐれた記憶力があるとは考えられなかった。しかし、彼はツーズー病院のことで、小さな細かいことも忘れない。彼は病気のときに看病してくれた保母さんの愛情を忘れない。学校に文房

ドクくんとツィンさんの結婚披露宴。

具を忘れて、叱られたこともあった。ツーズー病院の平和村は彼にとって我が家であり、そこにいるかぎりドクは安心していられた。

ドクは結婚して、長年の愛着がある平和村の部屋を出て、新居に引っ越すことになった。ドクの胸には平和村を去る寂《さび》しさと独立する喜びがあった。彼にはマイホームができた。そこには、かわいいお嫁さんがいる。彼とあたたかい家庭を作るため、苦労も幸福も分かち合う人がいる。結婚のことを聞くと、彼は喜びを隠し切れない様子で話してくれた。

「ぼくの妻はグエン・ティ・タアン・ツィン、1982年生まれです。彼女には5人の兄弟がいます。彼女とは偶然に出会ったんです。その日、ぼくは病院関係者の結婚式に出席して、そこで彼女に出会いました。彼女と最初に出会ったときは、その後、親密になり、ぼくの心を悩ませることになるとは思いませんでした。ぼくには、彼女と共通の友だちがいました。そのご縁でぼくたちはお付き合いするようになりました。そのうちに、ぼくたちは一緒に暮らしたいと互いに思うようになりました。そこで、ぼくはプロポーズをしました。そうして、結婚式を挙げたのです」

ドクから見ると、ツィンさんは明るくて幸福そうな顔をしているという。彼女はすこしやせているが、背が高くて、とても魅力的だという。

彼女は何も臆することなく冷静に結婚相手を選び、普通の生活を希望した。しかし、彼女が選んだのは、ドクだった。彼女はこの選択によって、多くの困難と直面することになった。まず、なによりも、彼女の家族はこの結婚に激しく反対した。どんな親でも娘が障害者と結婚すると聞けば反対するだろう。彼女の親兄弟は、ドクと結婚することにより娘が苦労するのではないかと心配した。でも、反対する家族は、二人を止めることができなかった。

ツィンさんは母のすすめに従って、ドクを家に連れてきた。家で話をするうちに彼女の親族はドクの能力や積極的な考えを認めるようになってきた。ドクには強い意志と生活能力があると理解するようになったのだ。ドクが礼儀正しく、ツィンさんの家族を尊重する態度だったことも好印象をもたれた。ドクは自分のすべてをツィンさんにささげる決心を話した。

娘の意思を変えることはできないと家族は考えるようになった。ドクとツィンさんは共に人生を歩むのだと主張しており、結婚を認めるよりしかたないと思うようになった。結婚を許した後で母親のホアさんは、娘に言った。

「私はね。正直言ってドクとは結婚してほしくなかったのよ。だって、これから苦労するのが目に見えてるじゃない。でもドクを選んだのなら、彼を心から愛しなさい。ドクが有名人だから結婚した、なんて言われないようにしてちょうだい」

ツィンさんは人生で一番大切な決定を改めて考えた。そして、家族や母親に言われたことを考えた。彼女は眠れぬままに家族の言葉を思い出して自問することもあった。知人にも相談したが答えは見つからず、自分自身で決断しなければならなかった。そして、彼女はドクと正式に結婚することを決心した。結婚に踏み切った訳を聞いたところ、彼女はこう話した。

「彼は意志が強く、頑張って生活しています。彼は障害者ですが、普通の人ができることは何でもできます。友だち思いで正直だし、真面目です。そんなドクのことが好きなんです」

ドクは、平和村で結婚することをチュンさんに告げた。

「おばあちゃん。ぼく、お嫁さんをもらうんだ」

ドクが結婚する知らせは、ツーズー病院平和村のすべての部所に、あっという間に伝わった。平和村の職員は集まって、結婚の用意をはじめた。本当のおばあさんのように、チュンさんは結婚式場をあれこれと探しはじめた。医師やタンさんなどの介護師たちは、新郎の親がやるように、お祝いを買って花嫁さんの実家に飾った。皆は集まって、ドクの挙式費用を相談したが、その話はツーズー病院の門を越えて各地に広がった。たくさんの人がドク結婚のニュースを聞いて、とても喜んだ。

日本領事館は、結婚式場を担当することになり、中心街のタックス百貨店内に会場を準備した。披露宴当日は、５００人以上の招待客が集まった。１９８８年のベト・ドク分離手術に参加した医師たちも、ほとんどが出席した。また、招待されていない人までお祝いに来てとてもにぎやかだった。

新郎のドクと新婦は花道を進み、ひな壇に立った。ふたりは恥じらいながらも笑顔で晴れの日を迎えた。それを見て、かつて分離手術に参加した人たちは目に涙を浮かべていた。ドクは死線を乗り越えて成長し、ついに結婚した。この幸せは医療技術と数限りない人々の善意によってもたらされたものだ。ホーチミン市保健局の幹部やツーズー病院の関係者、そして多くの支援者が出席した。ドクの結婚式に出席した人の中では日本人が一番多かった。その日、ホアン・ミイ病院は1億ベトナムドン（約１００万円）をドクに贈った。キンハン・アルミ会社も高価なプレゼントを贈った。

ドクが結婚するので、おばあちゃんことチュンさんは孫の新居を心配した。チュンさんは院長など病院の役員と相談して、ドクに家を買うことを考えていた。ドクの結婚に支援者から寄せられたお金とドクの貯金を合計しても、ホーチミン市内に家を買うことはむずかしい。郊外の家なら買えるが、勤め先の病院から遠くなると通勤が不便になってしまう。そのため、ドクのマイホーム選びは一苦労だった。最終的には、病院に近いディエン・ビエン・フー通りの路地の奥に小さな家を買い、足りない金額はツーズー病院が肩代わりすることになった。その小さな家はドク夫婦にとってあたたかい愛の巣だ。この家で暮らす幸せをドクはチュンおばあちゃんに、笑顔で報告した。

「口では言い表せないほど幸せだよ。家に帰ると、ぼくはひとりの人間であることを実感するんだ。ぼくは自由で独立した、この国の国民なんだってね。みんなと同じ空気のなかで普通の生活をしてるって感じる。それに、近所の人もぼくたち夫婦に親切にしてくれる」

新居に引っ越したドクは、毎朝6時に起きて妻と朝食をとり、平和村に通勤する。昼休みは家に戻り、妻と一緒に昼ごはんを食べる。結婚以来、ドクは家で食事することがほとんどで、めったに外食することはない。ドクが一番好きなのはマム（発酵調味料）だという。なぜかと聞いてみたところ、塩味、酸味、辛味、などいろんな味がするからだという。ドクは、お好み焼きや肉ビーフンも好きだ、と以前に話していたことを思い出して聞いてみた。するとドクはうつむいてしまった。

「ぼくたちは借金を返済しなければならないので、節約しているんです。おばあちゃんにあんまり迷惑をかけられないし…。平和村のおばあちゃんにはぼくだけではなく、他にも孫がいっぱいいます。だからぼくたち夫婦は、一所懸命働いて早く返さないといけないんです」

ドク夫婦に、あなたたちには、子どもをつくる計画はあるかと聞いたところ、彼は答えた。

「ぼくたちは子どもが大好きだけど、今は借金があるから、もうちょっと我慢します」

借金は働けば返せるし、家庭に子どもがいることは楽しいことだと言うと、ドクは真っ直ぐに私の目を見て真顔で話した。

「ぼくの考えは違います。経済的に余裕ができてから子どもをつくるべきです。それに…、ぼくの体に枯葉剤の影響が残っているかどうかを、よく調べなければならない」

私は軽率な質問をしてドクの大きな痛みに触れてしまった。彼は誰でも持っている普通の権利をすべて持っているわけではない。日頃、ドクは明るくふるまい、元気に働いている。そんな彼を見ていると、障害のことを軽く考えてしまうが、彼自身が忘れるはずはない。

ドクは私を上の階に連れていった。そこには、昨年（２００７年）の6月に亡くなったベトの祭壇が設けてあった。ベトの写真を前にして、ドクは、ゆっくりと言葉を選びながら話す。

「人は、どう思うか知らないけど、ベト兄さんと一つの体だったときは楽しかった。ぼくたちは生まれてから7年間近く体が結合していました。その間にはうれしいことも悲しいこともたくさんありました。ある日、ベト兄さんが熱を出して意識がなくなりました。たくさんのお医者さんたちが手をつくしました。でも、二度と意識が回復することはありませんでした。ぼくたちは病気のことを知らずに大きくなったのかもしれません。ぼくは、とても怖かった。兄さんと早く分離したかった。分離した後、二人とも無事であることを、ずっと願っていました。残念ながらそれは実現しませんでした。分離した後も、ベト兄さんの意識は戻らなかったんです。そして、ついこのあいだ、２００７年に亡くなってしまいました」

妻のツィンさんもベトの遺影を見つめて沈黙していた。現在、ドクたち夫婦が幸せに暮らしていられるのは数え切れない人々から寄せられた善意に助けられたところもある。それと同時に、ベトがドクに体の共通部分をより多く譲《ゆず》ったことにもよる。ツィンさんはベトが亡くなっても、ドクの生活に今でもベトの存在があると感じている。ドクはベトの体と人生を引き継いで生きている。ドクは、ベトから体の一部分とともに、命を譲り受けたと感じているのだ。

ドクは最近悩んでいることがあるのだという。彼は切実な顔で話す。

「ぼくはツーズー病院のおばあちゃんや医師、保母さんたちに守られて成長しました。そのことは忘れません。だけど、おばあちゃんたちはぼくが27歳になっていることを忘れているんです。ぼくはもう子どもじゃない。これからは、自分の力で自立した生活をしたいんです。障害者は普通の人とは違います。ぼくもたくさんの人から支援を受けました。その気持ちを忘れてはいません。でも、どんな親でも子どもを一生保護することはできないでしょう。ぼくは自分の力で働いて自立しなければいけないんです。ぼくは自分の価値や仕事の能力を確かなものにしたいんです」

ドク自身の前向きな願いを聞いて、私は涙がこみ上げてきた。多くの人は健康な体を与えられながらも、これを当たり前のように考えている。人は自分に都合の悪いことが起こると社会や家族のせいにしたがるが、彼は違う。私はドクが自立した生活ができると思う。なぜなら、現在のドクはひとりではない。ドクのそばにはツィンさんがいる。彼は彼女と共に歩むことで何倍もの力を得ることができる。

ドクはパソコンの修理、販売をする店を開く計画があるそうだ。彼はネットで情報を集めて市場を調査したうえで決めたのだという。共同経営者を募《つの》ったり、支援者に資本投資の話をもちかけたりしているという。中心街に店を開きたいが商業地のテナント料はとても高く、彼らの資本金は多くない。郊外なら商売に不利だし、移動に時間がかかってしまう。そのため開店計画はなかなか進んでいない。

彼が現在働いているのは平和村の事務所だ。そこは、彼が育った家庭のようなものだ。その家庭のなかで彼は自分が子どもではないことを誇示し、認めてもらうのに神経を使っている。しかし、飛び立つために巣のなかで羽ばたきをくり返す我が子を見て、チュンさんたちは心配でならない。けれど、私は心配していない。なぜなら、ドクは自立したとしても孤独ではない。

彼には、実の母親がいる。また、産んでくれた母親以外にも母さんが何人もいる。

その母のなかで特に親しみ、長年彼のことを見守ってきたのは、ムオイさんだ。ムオイさんは、病気のときも楽しいときも、必ず彼のそばにいた。ムオイさんは、彼が何が好きで何が嫌いかを知りつくしている。彼の心に隠しごとがあっても目を見ればわかってしまう。また、彼が気づかない不愉快の原因を彼より先に発見する。ドクは外見ではしっかりとしているが、内面に敏感で傷つきやすい一面がある。ドクにはムオイさんという母がいたことは何よりも幸いだ。

ドクは最近、病院から引っ越して市内で生活をするようになったことで、様々な経験をするようになったようだ。年若い彼が、時には老いた哲学者のようなことを話すのでおもしろい。先日も、彼は突然思い詰めたような顔をして話した。

「人は外見で判断しちゃいけないんだ。どんな人にも深い内面がある」

平和村の子どもたちにとってドクは憧れの先輩である。障害を持つ彼らはドクのように自立した普通の生活ができることを願っている。ドクは彼らに話す。

「志を持って、さらに成長しなくてはいけない」

子どもたちも〝ドク兄貴〟の言うことはよく聞く。がんばって宿命を乗り越え、人の役に立つようになりたいのだ。

ドクは、これまでに20回以上も日本を訪問して日本人に歓迎されている。ドクは日本人、特に「ベトちゃんとドクちゃんの発達を願う会」に感謝しているという。日本人から人としての道徳を学んだ。それは何ごとに対しても、誠実に取り組むということだ。ドクが急に改まった顔をするので少し驚いていると、真剣なまなざしで話した。

「ぼくは、うそをつく人が嫌いです。のんきな南部人はよく言いますね。〝そう言ったけど、そうではない。〟もし誰もが責任ある発言をするなら、ベトナムでの生活は簡単で、迷うことも少なくなる。そうなれば、すごくいいと思いませんか」

ドクの単純な願望は私たちも同じだと思う。けれども、社会全体を変えるのは簡単ではない。ドクと話していると不思議に思ったり、感心させられたりすることが多い。ドクは着実に前進する彼なりのやり方で考え、行動して、青年へと成長していった。

終章　ドクちゃんの家

２０１３年４月、わたしは久しぶりにドクちゃんの家を訪ねた。彼の家は、ホーチミン市の民家が込み入った地域にある。通りから迷路のような路地に入り、そこから更に細い路地を抜けなければならない。

「さて、この辺だが…」と思い、バイクを止めてみたが、彼の家が見当たらない。どうやら路地を一本間違えたようだ。外にイスを出してお茶を飲んでいる人がいたので、ドクちゃんの家を聞いてみた。

「ドクの家なら、ここをまっすぐ行って右だよ」と、愛想よく教えてくれた。

その声を聞きつけたのだろう。家の中から奥さんが顔を出して大きな声で教えてくれた。

「三叉路を右だからね」

路地の先では、将棋を指していた二人組が「こっちだ」と、ばかりに手招きをしている。両手を広げれば、指先が壁に届きそうな細い路地の両脇に間口の狭い家がびっしりと並んでいる。

ここは、ホーチミン市の下町だ。わたしは、自分が子どもだった頃の東京を思い出した。

路地の角を曲がると、すぐにドクちゃんの特製三輪バイクが見えた。彼の家まで行ったが、わたしのバイクを駐車する場所が無い。彼の家は、間口が狭いのでバイクを止めるスペースが1台分しかないのだ。バイクを降りて声をかけようとしたところ、ドクちゃんが出てきた。彼は松葉杖《づえ》も使わずに家から出てきて、ヒョイと三輪バイクに乗り、慣れた動作でバイクを移動させた。

家に入ると、奥さんのツィンさんがにっこり笑って出迎えてくれた。わたしが、あいさつをすると、「こんにちは」と日本語で応えた。彼女は、日本語の勉強をはじめたのだそうだ。週に三回、日本語学校に行って勉強していると言う。家へ訪ねてくる日本人もいるし、家族で日本へ行くこともある。そのため、日本語ができるようになりたいと考えたのだ。

「日本語はむずかしいよ。何年も勉強しないとね」と、わたしが言うと、横でドクちゃんが深くうなずいていた。

家の中では、二人の子どもが大はしゃぎで遊んでいた。2009年に生まれたアンダオ（桜）とフーシー（富士）の双子だ。ついこの間、生まれたように思っていたが、もうすぐ幼稚園に行くのだそうだ。

「フーシーは甘えん坊で、アンダオはしっかりしているの」と、ツィンさんは言う。

フーシーを抱くツィンさんとアンダオを抱くドクさん。

おもちゃの取り合いになると、母親のツィンさんが二人を分ける。妹のアンダオは、さっさと別のおもちゃで遊びはじめるが、兄のフーシーは、ベソをかいて母親にしがみついたままでいる。

「男の子は、女親に似るっていうけどね…」と、ドクちゃんは話していた。

「ベトナムの家庭では、どこでも女が強いものだ」と、わたしが言うと、彼も納得したようだった。

現在、ドクちゃんの家には、ツィンさんの母親のホアさんがいる。彼女は、育児を手伝うため、ドクちゃんの家へ泊り込みで来ている。実家も同じホーチミン市なので通ってくることもできる。しかし、〝目の中に入れても痛くない〟孫たちといっしょに暮らしたい

フーシーとアンダオを囲んで。左から編著者の野島、ツィンさん、ホアさん、ドクさん。

というのが本音だろう。

ツィンさんの家族は、ドクちゃんとの結婚を当初反対したのだそうだ。「ツィンには、ごく普通の結婚をして普通の家庭を築いてほしい」と家族は考えていた。しかし、彼女が連れてきたのはドクちゃんだった。娘が、身体障害者と結婚すると聞けば、どこの家でも驚くだろう。しかも、ドクちゃんは、ベトナムでは誰でも知っている有名人だ。ベトナムでは、家族の同意がなければ、絶対に結婚できない。これは、家族や親せき関係を何よりも重視する昔からの習慣だ。そのため、ドクちゃんは何度もツィンさんの実家を訪問した。そうやって少しずつドクちゃんとツィンさんは、母親のホアさんを味方に引き入れた。家族内での最終決定権は、お母さんにある。お母さんが首を縦に振れば、家族は決定に従う。これもベトナムでは一般的な習慣だ。

そんなホアおばあちゃんに、「お孫さんの世話は大変でしょう」と聞いてみた。

「ええ、そうなんです。なにしろ双子なので、何でも2倍手がかかります。毎日休む暇もないので疲れてしまいますよ」と、彼女は満面の笑みで答えた。

口では、疲れると言っているが、ホアさんの笑顔を見れば「孫がかわいくてたまらない」というふうに、わたしには聞こえた。

❖最近の毎日

ドクちゃんに最近のことを聞いてみた。まず、体は健康であり、まったく問題ないそうだ。分離手術以後も治療は続いた。毎日、泣きながらリハビリを続けたこともあった。大腸の問題では、大きな手術を受けた。しかし、現在では治療も無いし、継続して飲んでいる薬もないそうだ。彼は、「最近は、腰が痛むことがある」と言う。ただし、治療が必要なほどの痛みではないそうだ。

「人類の9割は、腰痛を経験するそうだ。わたしの妻も腰痛持ちで、効きもしない治療器具を買いまくっているよ」とわたしが言うと、彼は声を上げて笑っていた。

次に休日のことを聞いてみた。わたしのもくろみでは、「趣味で〇〇を楽しんでいる」とい

（上）平和村一階の入り口に集合したスタッフや患者たち。

（下）平和村の廊下で遊ぶ子どもたち。

うような答えを期待していた。ところが、彼の答えは、

「休みはない」の一言だった。

ツーズー病院での仕事は、土日と祝日が休みだ。彼は、その休みを使ってアルバイトをして

いる。現在は、旅行会社で事務所の手伝いをしていて、ツアーに同行することもあるそうだ。ベトナムでは、仕事を掛け持ちすることが、よくある。また、彼のような公務員は、勤務時間が決まっているのでアルバイトをすることが多い。日本では、公務員の副業は厳禁だが、ベトナムではアルバイトは常識なのだ。そのため、ベトナムでは土曜も日曜も休まずに働いている人も少なくないが、ドクちゃんもその一人だった。

土日でも休まないというのは、農業国としての伝統なのかもしれない。現在でも国民の7割近くは農業従事者だし、以前は9割が農業をしていた。作物の育成や収穫に土日はない。そのため農業では曜日にかかわらず働かなければならない。また、朝が早いというのも農業国の特徴だ。小学校の始業は、朝7時。役所は7時半にはじまるし、8時になれば銀行も開く。ドクちゃんが勤務しているのは公立病院だが、朝は7時にはじまる。彼の場合、昼休みを挟んで夕方の4時半までが勤務時間だ。日本の常識からするとちょっと時間が長いように思うが、こちらでは標準的だ。

ドクちゃんは、毎年のように日本へ行っている。昨年、訪日したときは、東日本大震災の被災地を訪問した。震災から一年以上経っているので復興が進んでいると想像していた。しかし、被災地の光景はあまりにも衝撃的だった。

「小学校の屋上にクルマが載《の》っていたんだ」と、彼は顔を曇らせた。

彼は、震災前に気仙沼を訪問したことがあった。被災地を見て気仙沼で知り合った人たちのことを思い出した。以前に来たときには、障害者施設を訪問した。体の不自由な彼らは逃げることができただろうか…と考えた。

❖平和村からオレンジの郷へ

ツーズー病院平和村は、ドクちゃんが幼い頃から生活し、現在では、そこの事務所が職場だ。平和村には、外国からの訪問客もあるが、日本人が一番多い。また、財政的にも日本に依存している部分が大きい。ところが、2011年3月11日の震災以降は日本人訪問客が激減した。特に夏休み時期までの3カ月は、〝ゼロ〟だった。翌2012年になると訪問客数は次第に回復し、現在では以前と変わらなくなってきた。

その平和村以外にもう一カ所、枯葉剤被害者施設ができる予定だ。場所は、ホーチミン市の北部郊外にあるホックモン県というところ。名称は"LangCam"（オレンジの郷）。そこは児童施設や職業訓練校などが建ち並ぶ文教地区の一角に建設される。敷地は、とても広くてサッカーコート4面分以上ある。この敷地内に病院やリハビリ施設、職業訓練所などを新設する。また、病院は市民にも開放されて地域医療の場ともなる予定だ。2016年の完成予定で、すでに測量作業が始まっているという。しかしながら、ベトナムでは、予定通りに事が運ばない

オレンジの郷建設予定地の杭打ち式。

ものだ。土地の引渡しから2年近く経っているが、いまだに本工事は、はじまっていないらしい。

２０１６年といえば、平和村代表のタンさんが定年を迎える年だ。そのため、「新施設の所長には、タンさんが就任する」というのがもっぱらの噂だ。また、「タンさんは、平和村のスタッフを何人か連れて行くにちがいない」という話もある。君も行くのかとドクちゃんに話すと表情が曇ってきた。

「タンさんは定年だけど、ぼくは違うし…。それに見学会に行ってきたけど、人が入れないようなジャングルだったよ」などと彼は話す。

どうやら彼は気が進まないようだ。誰でも自分が慣れ親しんだところで暮らしたいと思うものだ。彼は、物心付いてからずっとホーチミン市で暮らしてきた。ここには、友だちも多いし、アルバイトもできる。近所の人たちは、顔見知りで親切だ。

家でくつろぐドクちゃんの顔を見ていると忘れてしまいそうになるのだが、彼は特別な子ども時代を過ごしてきた。生まれてからずっと病院のベッドの上で過ごしていた。ものごころ付いたときには父も母もなく、病院の介護スタッフを「母さん」と呼んで育った。7歳のときに多くの支援のもと分離する手術を受けて、車椅子での生活ができるようになった。

手術後も、たくさんの人たちから見守られながら青年へと成長した。現在では結婚して子どもも授かった。小さいながらも一軒屋で家族と普通の生活をしている。彼らが生まれたとき、この結合双生児が成人して、普通の生活ができるようになると誰が想像しただろうか。なにもしなければ、確実に死んでしまうような危うい命でも、手を差し伸べればりっぱに成長し、自立した生活ができるまでになることもある。ドクちゃんを見ていると人が互いに助け合う大切さをあらためて実感する。

「ドクちゃん。また来るよ。アルバイトもいいけど、あんまりがんばるんじゃないよ」

執筆と編集を終えて

２０１３年10月6日、分離手術二十五周年記念の式典がホーチミン市で開催されました。式は、亡くなられた関係者への黙祷《もくとう》ではじまりました。当時は働き盛りだった医師たちも現在では老齢に達し、亡くなった方もいます。手術チームを編成し、ドクちゃんが「おじいちゃん」と呼ぶ保健局長のズオン・クアン・チュン氏も２０１３年の6月に帰らぬ人となりました。手術から二十五年の歳月が経過したのだと、あらためて実感しました。

ベトちゃんドクちゃんは、ベトナムの寒村で、苛酷な宿命のもとに生まれました。ベトちゃんは、残念ながら亡くなってしまいましたが、ドクちゃんは、手術後、四半世紀を生きぬいて現在三十二歳になりました。これは、彼が偶然にも死ななかったというのではありません。幸運に恵まれたという言い方もできるかもしれません。しかし、その影では、多くの人々の強力な意志がありました。

博愛精神、人道主義、善意の気持ち。動機は人によって様々でしょう。しかし、不幸な境遇の子どもを救いたい、その命を守ってあげたい、という思いは同じです。世界の様々な人々が彼らを支援しました。特に重要な役割をしたのが日本の支援者です。支援者一人ひとりの思いが実を結んで、ドク君は今日でも命ながらえ、しかも自立した生活ができるまでになったのだと思います。

ベトちゃんドクちゃんは、ベトナム戦争が終わってから生まれました。しかし、先天性障害とダイオキシンは深く関連していること、また、戦後の混乱が彼らの治療に影響したことを考えると、戦争の被害者であると断言できます。

わたしは、戦争や戦争被害の文書を翻訳することがよくあります。戦場での残酷な場面や枯葉剤の被害者の悲惨な状況を一日中読み書きしていると、本当にやるせない気持ちになります。特に残酷な描写では、奥歯をかみしめながらキーボードを打つこともあります。戦争になると正視できないような残虐な行為が、当たり前のように行われるものです。また、このことはベトナム戦争に限ったことではありません。どの時代でも、どこの地域でも戦争とは、無慈悲な結果をもたらします。

アジア太平洋戦争以降68年間、日本は戦争をしていません。これは、現代の世界では珍しく、アジアでは最長記録です。「平和ボケ」などと言う人もいますが、この記録を永遠に更新してほしいものです。また、そのためには戦争の真実を伝え続けなければならないと、わたしは考えています。美化したり誇張したりすることなく本当の姿を伝えることこそが警鐘《けいしょう》になると信じています。

そして、もうひとつ、重要なことがあります。国と国との友好は、とても大切なことです。相手が友だちならば、銃口を向けることはありません。現在、日本とベトナムはとてもよい関係にあり、２０１３年には日本ベトナム友好四十周年を迎えました。

ベトナム戦争終了後は、アメリカの経済封鎖に日本も参加していたため、両国の交流は限られたものでした。その後、ベトちゃんドクちゃんが来日した頃から交流が再開しました。しかし、その頃は、個人的な目的でベトナムに入国することはできませんでした。90年代になると観光ビザで入国できるようになりました。92年からは日本のＯＤＡ（政府開発援助）が本格的にはじまりました。94年には、関西空港からホーチミン市への直行便が就航しました。そして現在、成田・名古屋・関空・福岡から、航空会社三社の直行便が週に百便以上も飛んでいます。また、短期滞在ならばビザなしでベトナムに入国できます。

わたしは、ベトナムで暮らしていますが、日本人として、不当な差別を感じたことは一度もありません。残念なことに世界、特にアジアの一部などでは、日本に対して根強い反感があります。そういう国にも、そこで暮らしている日本人がいます。仕事で駐在している人もいれば、その国の人と結婚している人もいます。わたしも、外国で暮らしている在留日本人です。そのため「〇〇国で、日本人狩りがあった」などという話は、わたしにとって他人事とは思えません。

そういう国が、日本とベトナムのように仲良くなれないものだろうか。そうなれば、高いお金を出して戦闘機なんか買わなくてもいいのに、と考えるのは、わたしひとりの妄想でしょうか。

最後になりましたが、この本の企画を力強く推進してくれた「秋葉重雄・ベトナム・平和の会」の松尾信彦さん、渡辺顕治さん、鈴木芳博さんに感謝いたします。この会は、翻訳本の寄贈など、ベトナムとの友好活動をしている会です。また、執筆と編集では、高文研の飯塚直社長と小林彩さんに様々なご指導をいただきました。それから、ベトナム語翻訳では、ドク君の通訳を長年務めているヴ・ティ・ゴック・アンさんに監修をしていただきました。この場をお借りいたしまして、心よりお礼申し上げます。

２０１３年12月　ホーチミン市にて　**野島 和男**

編著者　野島 和男（のじま かずお）

1959年、東京生まれ。

2003年にベトナム、ホーチミン市へ移住。

現在、ホーチミン社会人文大学外語センター講師。

ツーズー病院の平和村関連のほか、ホーチミン・テレビ局（HTV）や戦争証跡博物館などの翻訳を手掛けている。


協力＝ツーズー病院平和村（ホーチミン市）

❖この本は、〝VIỆT DỨC &tình người sau 20 năm〟を元に編集し、日本での書籍化に伴い、新たに加筆したものです。

ドクちゃんは父になった

●二〇一四年 二月一〇日――第一刷発行
●二〇一四年 八月一〇日――第二刷発行

編著者／野島 和男

発行所／株式会社 高文研
東京都千代田区猿楽町二―一―八
三恵ビル（〒一〇一―〇〇六四）
電話０３＝３２９５＝３４１５
http://www.koubunken.co.jp

印刷・製本／シナノ印刷株式会社

ISBN978-4-87498-535-9　C0036